手杖健身法

SHOUZHANG

赵瑞麟 著

人民体育出版社

手杖健身 简便易行

量力而做 持之以恒

一九九三年八月 学高亮

1

年秋健身法是老年人健康长寿之要道

王华山

2

手杖健身　合理运动

以操会友　服务经济

季明春书

手杖健身法是

人强身壮骨延年益

寿之良方

周志仁 一九三年
九月一日

拄杖而行稳 持杖而

绿健既稳且健康乐

無限

丙子年六月 董寿基

知其道明其法

利有恒身心佳

贺赵瑞麟先生《手杖健身操》一书出版

二〇〇八年之夏月

齐齐宗贵题

6

手杖健身，延年益寿

壬午年 牛广新

身使坚持年

健而坚延

肢利在寿

手易岁益

张体勤

二〇〇八年主月

作 者 简 介

赵瑞麟，男，1930年生。山东菏泽市人。教授。中共党员。1952年由菏泽师范毕业并参加工作；1958年毕业于山东师院体育系并留校任教（1960年在上海体育学院进修一年）；1962年在山东财经学院任教；1973年任菏泽师专体育系主任，1984年任菏泽师专副校长；1988年申请调回山东经济学院。1990年12月退休。

先后担任中华全国体育总会山东省分会委员、山东体育科学学会理事、山东省高校体育研究会理事、全省师专体育教研组组长、山东省老年人体协科委会委员、山东经济学院老年人体育协会主席。

1953年被评为菏泽县优秀教师；1973—1982年多次被评为优秀教师、先进工作者；1982年山东省政府授予其山东省劳动模范称号；1984年山东省委、省政府授予其"振兴山东体育金质荣誉奖章"；1978年当选为第五届山东省人大代表；1983年当选为第六届全国人大代表；1992年被评为山东省先进离退休工作干部；

1993 年被山东省老教协评为在老教协中做出突出成绩者，同年被山东省委高校工委评为省高校优秀共产党员；1999 年、2001 年、2003 年被山东经济学院评为优秀共产党员。

编写的《简易田径场地测画》1973 年由山东人民出版社出版；编写的《田径竞赛的组织与裁判法》1978 年由山东人民出版社出版；编著的《田径运动场地》1991 年由人民体育出版社出版。

1979—1980 年受山东省教育厅的委托，负责组织和参与编写了全省师专体育专业的田径、体操、武术、篮球、排球等 11 门课程的《教学大纲》；1980—1984 年受山东省教育厅的委托，负责组织和审编了全省师专体育专业的体操、武术、篮球、排球等 5 门课程的教材；1985 年受国家教委和山东省教委的委托，负责组织和主编全国高校师专体育专业的《田径教学大纲》，由高等教育出版社出版。发表论文十余篇，有的被全国、省老年人体协召开的论文报告会评为大会论文或优秀论文。

1991 年，创编了《手杖健身法》，6 月开始在山东经济学院试行。12 月通过省有关专家测评，结论为：形式新颖、内容全面、方法简便、运动量适中、针对性强、比较安全等，是一套适宜于退离休等老年人健身的科学方法。

前　言

　　太阳由东到西，人生从少至老，这是一个自然变化规律。目前在我国 13 亿人口中，60 岁以上的老年人有 1 亿左右。随着社会的发展、人们生活条件和保健措施的改善、体质的增强、寿命的延长等，我国及世界各国的老年人会越来越多，在人口中所占的比例会愈来愈大。

　　从历史的长河看，绝大多数的老年人，在养儿育女、传宗接代，改造客观世界，推动社会发展前进等诸方面，都做了应有的贡献。我们这个具有五千年历史的文明古国，形成了养老、爱老、敬老的社会优良传统。特别是当前，从中央到地方各级人民政府、各行各业、各单位等，都把老年人工作列入了议事日程，不仅盼望老年人身体健康长寿，安度幸福的晚年，而且盼望老年人在各自的技能领域中继续发挥光和热。

　　但是，如何能够使老年人身心健康，延年益寿，在安度幸福晚年的过程中再献光和热呢？这涉及到物质、环境（社会环境、家庭环境和自然环境）等客观条件和身体、心理、精神等主观状态之诸多因素。例如身体，从生理变化的角度上看，人到老年，全身各个器官系统的机体组织都在逐渐老化，生理机能日趋减弱，这是人体发展变化的客观规律。但从我国人民几千年来对健康长寿的研究和实践经验证明，其规律性的变化虽不能改变，而只要遵师重道，采取综合性的措施，是可以延缓衰老，使健康常在、益寿延年的。如《黄帝内经·素问》中讲："上古之人，知其道者，法于阴阳，和于术数，食饮有节，起居有常，不忘作劳，故能形与神具，而尽终其天年，度百岁乃去。"又讲："中古之时，有至人者，淳德全道，和于阴阳，调于四时，去世离俗，积精全神，游行天地之间，视听八达之外，此盖益其寿命而强者也……"秦国丞相吕不韦在《吕氏春秋》中首先提出了"流水不腐，户枢不蝼，动也"的高明而可贵的健身论点，并认为"形不动，则精不流，精不流，则气郁"，不运动就会"气不达""血脉雍塞，百病丛生。"汉代名医华佗有"人身常动摇，则谷气消，血脉通，病不生，人犹户枢不朽也"的健身论述。毛泽东在《体育之研究》中指出："善其身无过于体育。体育于吾人实占第一之位置……学有本末，事有始终，知所先后，则近道矣。"

总之，健康长寿之道，是多方面的，是个综合性的课题，而体育运动，则是这个课题中的重要内容之一。

为此，于1991年4月，为离、退休老年人创作了这套《手杖健身法》。

在实践过程中，上级有关领导、专家，及中央电视台、山东省电视台、山东省《老干部之家》月刊、山东省老年大学等，都给予了大力支持、关心、鼓励。

1993年，原中央顾问委员会秘书长、国家体委顾问荣高棠；原山东省老龄委主任、山东省老年体协主席王金山；中国奥委会副主席、山东省老年体协常务副主任季明焘；中国中学生体协副主席、山东经济学院党委书记周志仁等领导同志为该书题词。

2008 年，山东省委常委、宣传部长、省人大副主任、中国老年人体协副主席、山东省老年人体协主席董凤基；山东省人大副主任何宗贵；山东省人大办公厅主任、省老年人体协副主席朱广新；中国高教管理研究会常务理事、山东省高等教育科学研究会常务副会长、山东经济学院党委书记、教授、博士生导师张体勤等领导同志为该书题词。

中央电视台于 1993 年、1999 年、2001 年、2003 年分别在《银手杖》《健身百法》《中华医药》《夕阳红》等栏目中进行专题播放，《夕阳红》栏目还为《手杖健身法》制作了上下两集的光盘进行推广。山东电视台于 1992 年、1993 年、1999 年在《生活之友》及《国际部》两栏目中进行播放；山东省老年大学于 1993 年举办过培训班。

在创作和实施过程中，吕宴、王宏、贾善玉、赵贵田、高承海等省老年体协科委会的领导、专家给予了大力的支持与指导。学院的领导和有关同志给予了积极的支持与帮助。

"手杖健身法"在编创中，王承忠、陈君珂同志协助动作拍照和摄像工作，郭爱、袁鸣娣同志承担了配音磁带的音乐配制工作，赵琨同志为配音磁带喊唱口令。

对以上诸位领导、教授、专家及各部门关心、支持的同志，谨在此表示衷心的感谢！

由于创作时间短促，水平所限，里面难免存有不足甚至错误，请批评和指正。

作者

目　录

手杖健身法

2

第一章 手杖健身法

"手杖健身法"顾名思义，就是利用"手杖"进行健身强体、益寿延年的方法。此套健身法，是依据老年人的生理特点、心理特点及持有"手杖"这一便利条件，综合了有利于复习、巩固人体活动的部分基本机能动作，选用了我国前人有益于强筋壮骨的练功习武动作和劳动动作而创作设计的。目的是便于老年人进行体育锻炼，健康身体，振奋精神，延缓生理组织老化，防病祛病，益寿延年，在安度幸福晚年之际，发挥力所能及的余热，为实现祖国的宏伟蓝图再放光辉。

这套健身法共分 16 节，其中有 72 种健身方法，约 700 个健身动作，做一遍约需时 30 分钟。经初步实践及有关专家检测、评定，认为其形式新颖，内容全面，方法简便，动作稳健，用力均匀，富有节奏，运动量适中，针对性强，效果好，并且具有我国传统养生特色，闪烁着我们中华民族灿烂文化的光辉，是一套适宜于退、离休等老年人锻炼身心的体育科学方法。

第一节 创编"手杖健身法"的依据及作用

一、依据老年人的生理特点及作用

老年人的生理特点主要表现在以下几方面：

（一）外部表现

毛发渐白，皮肤干燥，皮皱增多，并伴有老年斑出现，眼睑下垂，视力减弱，弯腰驼背，颈项无力，肢体动作迟缓，特别是两腿在走动时更显得软弱无力，甚至会颤动不稳等。

（二）生理组织及其机能状况

1. 中枢神经系统

神经过程的灵活性降低，兴奋与抑制之间的相互转换速度减慢，神经调节的能力较差，对于刺激的反应迟钝，神经细胞易疲劳，疲劳后恢复慢。

2. 心脏血管系统

心肌萎缩，结缔组织增生，脂肪沉着，因而心肌收缩力量减弱，每搏输出量减少，动脉管壁的弹性减退，并发生硬化，管腔变窄，血流阻力加大（尤其是小动脉），使动脉血压升高，心脏负担增加，流向肌肉（特别是心肌）的血液受到阻碍，所以老年人的心血管机能较差，体力负荷的能力减退。

3. 呼吸系统

肺组织中的纤维结缔组织增多，弹性降低，肺泡萎缩，呼吸肌力量减退，胸廓的活动度减少，因而肺的通气量和换气量的功能下降，肺活量减少，残气（余气）量增加。

4. 消化系统

牙齿咀嚼食物的能力及肠胃消化吸收功能减退，直接影响了对身体营养物质的供应。

5. 运动系统

骨骼中的有机物减少或消失，骨软骨发生纤维性变化等。关节韧带的弹性减退，肌肉逐渐萎缩，肌肉力量及弹性降低，肢体和关节活动能力及活动范围逐渐降低和缩小，因而易发生骨折、关节病及畸形（弯腰驼背、骨质增生等）。

以上这些生理现象和机体内各器官系统组织的功能变化，是老年人随着年龄的增长，必然要发生的一系列老年性变化（老化）。

"手杖健身法"首先是依据老年人以上这些生理特点而创作设计的，其作用体现在延缓生理老化、增强生理机能能力和体质。例如：

"挎杖　圣水浴面"。这主要是头和面部的活动。因为"头"是人体的最高司令部，如《道藏》云："天脑者，一身之宗，百神之会。"头部又是眼、耳、口、鼻等重要器官集中部位，在视觉、听觉、表情、语言、咀嚼、呼吸等多种活动中都起着重要作用。因此，男女老幼无不珍视护之。特别是老年人，由于生理老化，功能减退，而导致头脑不清，记忆力减退，反应迟钝，易于疲劳等，因此，专对其7个部位设计9种方法，进行54次揉擦、按摩和振动，使整个头、面和两耳的皮肤、肌肉、血管、神经等都得到活动，促进其血液循环，改善营养的供应，促进新陈代谢，延缓老化过程，特别是对清神健脑、护颜缓老等都会起到极其有益的作用。

"持杖　高台习眼"。眼在人体和人生的位置及重要作用，是老幼皆知、不言而喻的。一个人如果丧失了视力，五彩缤纷的世界就变成一团漆黑，广阔的天地成为只身难容和寸步难行的可怕牢宠，因此，人们都把它看成仅次于生命的珍贵器官。而老年人则更关心、更希望自己能够目明耳聪伴随到"天年"。

因此，依据眼及其附属结构的生理组织和功能，设此专节，采取8法54动进行练习。如第一法的"圆睁紧闭"，此动作练习是使上、下眼睑得到收缩、挤压、舒张和扩展，促使其血液循环，防止和延缓眼睑过早松弛而导致下垂，影响视线，同时，对外露的眼球部分也是较好的揉擦、清净活动。又如"远望近察"一法，是使两眼的瞳孔括约肌和瞳孔开大肌得到活动（括约肌收缩时瞳孔缩小，开大肌收缩时瞳孔放大）。其他各法如上、下、左、右、斜、转等，是使眼的附属结构（上、下直肌，上、下斜肌，内、外直肌等）得到锻炼。因为眼肌运动所起的生理作用不仅是实现眼球的灵活转动，也是本体感觉非常重要的外周装置。眼肌的活动不仅锻炼了眼肌本身的功能，而且对眼的角膜、晶状体、玻璃体、视网膜、视神经等视力的生理组织及功能都能起到有益的作用，以利达到明目活睛、通达心灵之目的。

"扶杖　舒筋活关"。这主要是关节的活动。因为关节是人体运动中的枢纽，在人体活动的抓、推、拉、举、跑、跳、立、行等一举一动中，都担当着繁重的任务，起着关键性的作用。老年人在活动中较明显表现出关节不活、肢体不灵、立而不稳、行而颤动等，这都与关节周围肌肉力量的减弱，关节囊和韧带的萎缩、松弛而导致关节的稳固性和灵活性等机能减退有关。关节对血液循环的畅通与否也起着重要的作用。因此在本节中，对老年人的颈、肩、肘、腕、指和胸、腰、髋、膝、踝、趾等 11 个部位的关节，设计 20 种方法，做 180 次动作进行锻炼，达到巩固和增强关节周围肌肉力量、关节囊与韧带的厚度及其柔韧性，从而巩固和增强关节的稳固性，提高关节的灵活性；有利于血液循环的畅通，有助于促进血液的运输、调节等功能的发挥，使身体各器官系统都得到充分的营养，废物有效排除。进而延缓老化过程，达到体健、身轻、行稳、动灵之目的。

另外，在此节中专为四肢的末梢——手指和足趾设计了锻炼动作，这也是按照"树老焦梢""人老手脚衰"的自然生理现象而做的。

"撑杖　压蹲跳踮"。为了巩固和提高压、蹲、跳、踮等人体生理基本机能，延缓其老化。所以在舒筋活关的基础上，对肩、髋、腰等诸大关节和有关的肌肉群进一步加强锻炼，扩大各大关节的活动范围，拉长肌肉长度，发展和增大肌肉的伸屈力及爆发力。同时，对消除痉挛、改进血液循环都有良好的作用。

"挺杖 伸屈扭转"。此活动既是针对老年人易于"弯腰驼背"，也是为了提高其基本机能而设计的。通过此节的活动，可巩固和增强胸、腰、腹、背等各肌肉群的力量、柔韧及脊椎等有关骨骼的支撑功能，使老年人挺胸、昂首，充满朝气。

"拄杖 蹬踹踢弹"。这主要是针对"人老先老腿"的生理老化现象设计的。通过蹬、踹、踢、弹等腿部基本机能动作的练习，加强腿部肌肉、骨骼、关节等的活动，发展其力量、灵敏、协调等素质，巩固提高腿部基本机能能力，使老年人迈着健康的步伐前进。

以上4、5、6三节的内容和作用，一方面是出于预防老年人过早地"弯腰驼背""人老先老腿"的生理特点而设计的，但从另一方面讲，它的作用就更广泛了。因为压、蹲、跳、踮、伸、屈、扭、转、蹬、踹、踢、弹等，皆属于人体生理的基本机能，这些基本机能在人们的生活活动中都起着极其重要的作用。特别是老年人，由于其生理逐渐老化，很容易减弱甚至丧失这些基本机能。老年人拥有这些生理基本机能，在行动上就有了自由，在生活上就有自理的能力。否则，若是体不能伸、屈、扭、转，腿不能蹲、起、跳、踮，那么，你能否安享幸福的晚年就要打问号了。以"蹲、起"为例，假若某位老者在"蹲、起"的生理机能能力上减弱或丧失，就会直接对其日常生活活动等造成极大的不便。所以，老年人一定要重视它、珍惜它，加强对它的锻炼，以利巩固和提高基本机能能力，延缓其老化过程。

"握杖　仲尼拉弓"。拉弓射箭，在我国有着悠久的历史。在过去，它是捕猎、作战的锐利武器，在射击目标中有远的、近的、高的、低的、左的、右的、空中飞的、地上跑的等，这就要求弓箭手不但要具有一定的力量，而且还要有敏捷的反应、精密的分析和准确的判断等能力。因此，它对增强力量、发展智力等有良好的作用。孔老夫子不仅把拉弓射箭作为自己的养生之道，并将其列为教育学生的一门主要课程（礼、乐、射、御、书、数）。现在"古为今用"，借以锻炼我们的身心。

"提杖　习斋练剑"。剑在过去，曾是权势的象征，如皇帝的剑被称为"尚方宝剑"。它也是习武作战的锐利兵器，同时还是历代人们所喜爱的文明而高雅的一项健身活动。它能使人们在手、眼、身法、步等得到全面锻炼，使人获得"刚柔相济，形神兼备"的效果。

在我国，历代都有练剑的名家高手，清朝的颜习斋就是其中之一，文武兼备。毛泽东在《体育之研究》中讲："习斋远跋千里之外学击剑术于塞北，与勇士角而胜焉。故其言曰，文武缺一岂道乎？……此数古人者，皆可师者也。"这也是本节命名为"习斋练剑"的原因所在。

"拉杖　鲁班锯木"。鲁班是我国春秋时代著名的能工巧匠，被历代木工称为"祖师"。是人们非常崇敬的古人之一。

鲁班锯木，就是借用拉大锯的动作锻炼身心的。此动作的特点是，方法简便，动作稳健、锻炼全面，对发展人体力量、协调性及节奏感有显著作用。

它是本套健身法中简、稳、全的代表，易学易练不易忘。有同志说，此法是闻其名、知其形、明其法、领其意、通其神，一看就会，无师自通。

"拖杖　神农锄田"。神农在传说中是我国古代的一位伟大的农业和医药的发明家，为造福人类做出了伟大而辉煌的业绩，受到我国历代人们的尊崇。

神农锄田，则是借助锄田的劳动动作锻炼身心。它不仅有方法简便、锻炼全面等特点，并且通过屈腿、弯腰、上体前俯等使人体处于非正常状态下去活动，这就增加了活动的难度，扩大了活动范围，增强抛、拉的力量，提高了肢体协调配合能力等身体素质，当然也就能获得更加全面的健身效果。

"挥杖　扬场丰收"。扬场在我国过去的农业生产上是收获的最后一道工序。从健心上讲，前有锄田的辛苦（锄禾日当午，汗滴禾下土），后有丰收的喜悦。从健身上讲，扬场动作是起身挥臂的伸展活动，它与前面屈腿、弯腰、俯身的锄田动作是相反相成的。锻炼身体就要有起有落、有俯有仰、屈伸相间，才能取得全面锻炼的效果。

"摇杖　艄公行船"。它是采用水上行船摇橹的动作。此动作易学易做，活动全面，刚柔并举，且有一定的强度，对人体上下肢的协调配合及力量，柔韧等体质的锻炼，皆有明显的效果。

"抡杖　乘风破浪"。乘风破浪是艄公行船的高潮，它是本套健身法中身体上下起伏最大、体臂绕环的幅度最大、运动强度最大、运动生理曲线上升最高的一节，所以，它不仅是对力量、柔韧、协调等身体素质的锻炼，也是显示老年人的老当益壮、不怕困难、继续前进的活动。

"仲尼拉弓""习斋练剑""鲁班锯木""神农锄田""扬场丰收""艄公行船""乘风破浪"这七节的健身内容都反映着国人用来强筋壮骨的练功习武内容和劳动动作，其方法和作用，也是针对老年人的生理特点而设计选用的，其特点是从躯干到四肢、从头到脚等进行全面性的健身锻炼。从动作上有伸有屈、有推有拉、有举有落、有挥有摇、有刺有抹、有握有放、有紧有松、有实有虚、有扑有跨、有俯有仰、有正有侧、有高有低、有进有回。在思想教育上体现出有志有勇、有勤有德等。所以，它能够较全面而有效地锻炼老年人的身心，收到多方面的锻炼效果。第一，可增强力量、速度、灵敏、协调等身体素质。第二，可使全身206块骨骼及600余块肌肉大部分都得到锻炼。第三，巩固和提高肢体的协调配合能力。第四，加速和改善全身的血液循环，充分发挥血液的运输、调节、防御等作用。第五，使神经系统的传导、反射、兴奋、抑制等得到快速、及时而协调的配合。因为，人体各器官系统的活动所以能够协调一致，成为一个统一的整体，完成各种单个动作和联合动作，关键是神经系统在起作用。而肢体相互之间的协调配合，完成富有节奏的联合动作对神经系统的兴奋、抑制、传导、反射等功能的巩固、强化和提高同样有积极的作用。第六，在思想上得到先贤古圣伟大业绩的教育、鼓舞，享受着我们中华民族灿烂文化光辉的照耀和熏陶，从而对其爱国、勤劳、坚强、勇敢等思想道德品质都有良好的影响。

"捺杖　吐故纳新"即呼吸运动。呼吸是人体生命活动的重要特征之一，是维持人体生命的必需。呼吸是人体摄取氧气，排除二氧化碳等废气的重要通道。呼吸还可以帮助血液和淋巴的循环。

众所周知，人体一切活动所需要的能量和维持体温的热量，都是来自体内营养物质的氧化，而氧化过程所需要的氧，都是通过呼吸从外界摄取到体内的。故呼吸系统的强与弱，会直接影响人的健康及生命的延续。

据有关资料介绍，我国成年男子的肺活量为3500~4000毫升，女子为2500~3500毫升，训练有素的人可达到5000毫升。人体在平和呼吸时，每次吸入约500毫升的新鲜空气，除停留在无效腔的气量（约有140毫升）外，肺泡通气量约占360毫升，只不过增加肺泡中原来气体容量的七分之一（肺泡原来气体容量大约为2400毫升）。由此可知，人在平和呼吸时，每次呼吸只更换了肺泡气的七分之一，而很多的肺泡没能得到气体交换，不能更换新鲜空气，天长日久，就会使这部分肺泡由于得不到活动，不能及时吐故纳新，而加速了组织老化、功能减退，进而影响了整个机体内氧气的供应。"吐故纳新"一节，就是为了把更多的肺泡调动起来，参加活动，及时地更换新鲜空气，巩固、强化和提高其生理功能，以便充分满足整个人体内氧气的供应而创作设计的。

第14节和第16节"拎杖　驾鹤云端""执杖　信步神州乐园"（包括闭目养神、跨步跳等）是放松活动。锻炼身体在某些方面与治理国家一样，"张而不弛，文武弗能也；弛而不张，文武不为也；一张一弛，文武之道也"。在进行一段时间的运动之后，应做一些缓慢、柔和、放松的动作，使人体从运动状态逐渐过渡到安静状态，使紧张的神经、肌肉等都得到放松，使由运动而造成的暂时性的缺氧得到补充，并加速静脉血液的回流，促使疲劳的机体恢复。

以上按节次，一一分述了各节创作设计的依据和作用，但从整个人体上讲，它是一个统一的有机整体，在这个统一的有机整体中，各器官系统之间、肢体之间，都是相互依存、相互联系、相互影响的。肢体健壮了有利于心脏机能的增强，心脏机能的提高是整个身心健康的枢纽和源泉。这套由 16 节组成的"手杖健身法"，虽然各节有各节的特点和侧重，但各节之间都是相互联系、相互影响的，各节的活动都牵动着整体，各节的作用都对整个身心健康起着积极的作用和良好的影响。

二、依据老年人的心理特点及作用

人到老年一般都是心地善良，情绪稳定，喜欢安静，愿听吉利话，忌闻不祥语等，所以，在这套"手杖健身法"的各节名称和动作上，尽力符合老年人的心理特点。如：

（一）在各节的名称上加以体现

第 1 节"挎杖　圣水浴面"。此节本是头和面部的按摩活动，而其名称却运用了"浴面"二字。并在"浴面"前又冠以"圣水"一词。意思是用神圣而高洁之水进行浴面，以达圣洁纯净、目明耳聪、精神焕发、童颜永生。第七、八两节，是借拉弓射箭和舞剑的动作锻炼身体，而其名称既没有开门见山地命名为"射箭""舞剑"，而是取名为"仲尼拉弓""习斋练剑"。因为，仲尼（孔子，字仲尼）是我国春秋末期的思想家、政治家、教育家、圣人，他不仅以射箭为养生之道，并把"射"（礼、乐、射、御、书、数）作为教育学生的一门课程；颜习斋是清朝时期研究学问，主张实践，兼长武术，文武双全的人。仲尼和习斋都是毛泽东同志早在1917年发表的《体育之研究》这篇光辉著作中提到的重视养生之道的数位古人中的两位。所以，借用他们的养生之道进行健身，以他们的名字命名，是以此激发我们健身之兴趣，取得健身之成效。还有取名为"鲁班锯木""神农锄田"等，也含有此意。因为，神农和鲁班都是我国古代传说中最受尊崇的人，借鉴他们造福于人类的伟大之举的劳动动作进行锻炼身体，以他们万古流芳的名字来命名，使人在思想、感情上产生一种崇高、自豪而又亲切之感。最后一节，是锻炼结束时的放松活动，但却取名为"信步神州乐园"，意为我们在这山青水秀、安定团结、蓬勃发展的神州乐园中悠闲自得地信步畅游，使人有一种自豪、舒畅、愉快、幸福之感。

（二）在全套健身法的动作上，都选用动而不猛、转而无险的具有稳健、协调、柔和、缓慢并富有节奏性的动作，而没有把那些凶猛、剧烈、蛮倔、彪悍及带有刺激性的格斗拼杀、吼声震天、饿虎捕食、狼逐鹰旋等动作编入在内，以防老年人心头不悦及伤害事故的发生。

三、依据老年人手持拐杖的便利条件及作用

老年人拄杖而行，在我国有悠久的历史。《后汉书》记载："民年七十授杖。其端以鸠鸟为饰，鸠者，不噎之鸟也。"近来在武威县出土的西汉木简记载，西汉颁王杖诏曰："高皇帝以来，……甚哀怜耆老。高年赠王杖，上有鸠，使百姓望见之，比于节。"节，代表天子的特殊信物。诏令严禁殴辱受杖主，否则"应论弃市"（注：犯此罪者，要判死刑，斩首示众）。《记·王制》曰："五十杖于家，六十杖于乡，七十杖于国，八十杖于朝。礼所当用，用之可也。毋强作少壮，弃之弗问。"

在我国（别国可能也不例外），人到老年，不论职位高低，子孙多少，环境优劣，经济条件如何，是千金难买还是顺手而得，一般都是人手一根"拐杖"（也叫"手杖""文明棍"等），并且，不论何时，去往何处，都可随身伴行，而其他人也都认为理所当然，无可非议。这种普遍性和可行性的有利条件——手杖，是其他年龄组的人们难以找到的，是任何体育器材无法比拟的。据此，为老年人创作设计了这套"手杖健身法"。

自此，老年人可以沿其健康大道拄杖而行，持杖而练，行、练结合，一杖多用了！

第二节 "手杖健身法"的特点

一、全面系统地锻炼和陶冶老年人的身、心

（一）从人体部位上讲，它从头到颈、躯干、四肢及其末端的手指、足趾等，都设有单独的动作进行锻炼。

（二）从人体各器官系统上讲，如视觉、听觉、呼吸、运动器官等，都设有专法进行活动。

（三）从人体的基本活动技能方面讲，不论是上肢的握、扶、撑、挺、推、拉、挥、摇、抢、拎、柄、捺，还是躯干和下肢的伸、屈、扭、转、压、蹲、跳、跐、蹬踹、踢、弹等，都设有专节锻炼技法。

（四）从人体各部位活动的系统性和全面性上讲，如"持杖高台习眼"一节，对眼睛的练习就设有圆睁紧团、上观下瞰、左顾右盼、左斜视、右斜视、左环视、右环视、远望近察等 8 法 54 动。它较系统而全面地锻炼了眼球及其附属结构的机能，有效地巩固和发挥了眼的"眼观六路"的基本生理技能。又如"扶杖舒筋活关"一节，此节从人体的颈、肩、肘、腕、指及胸、腰、髋、膝、踝、趾等 11 个部位的关节、韧带等，设有针对性的 20 种方法、180 次动作进行锻炼。它对巩固和提高各关节的稳固性和灵活性等生理机能及血液循环系统的畅通，都会起到行之有效的良好作

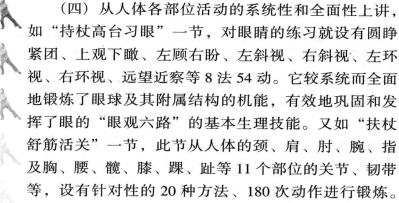

用。

（五）从对人的思想影响上讲，这套健身法，不仅锻炼了身体，并且激发和陶冶了老年人的思想、情感等，如"圣水浴面""神农锄田""仲尼拉弓""信步神州乐园"等。它一方面使老人感到有自豪和祝福之意，另一方面又有在我们古老、伟大、文明的神州大地亲身体验到现在蓬勃发展的美好前景及民主、富强、幸福的今天。

二、易学易做

（一）部位清楚。在整套健身法中，每节都有其较具体明确的锻炼部位和范围，如"吐故纳新""蹬踹踢弹"等。

（二）方法简便，动作易做。在整套健身法的 72 种健身方法中，多数都是简单的联合动作和某个部位的单个动作，其动作的路线虽有曲、有直、有弧、有环，但多数是变化少重复多。在动作的速度和用力方面，都是缓慢、均匀而柔和的。

（三）名切意实。在整套健身法中，不仅各节具有明确的部位及简易的动作，并且各节有各节名切意实、形象生动的名称，如"圣水浴面""高台习眼""仲尼拉弓""习斋练剑"等，都能够使老年人闻其名、知其形、明其法、领其意、通其神。正如有的老年人说："此套健身法，有不少的动作可以一看就会，无师自通"。

三、便于老年人锻炼身体

此套健身法，一不受场地大小的限制；二没有购买和保管、携带健身器材的额外负担；三是使老年人既可以拄杖而行，又可以持杖而练，使之行、练结合，一杖多用，这就给老年人参加体育锻炼打开了方便之门，开拓了一条新的易行乐练的健康之道。

四、运动量适中

人们参加体育锻炼，要想达到增强体质、身心受益的目的，则要根据各自的性别、年龄、体质等不同的状况，采取适宜于自己的运动量和负荷强度，这是参加体育锻炼务须遵守的一条重要原则。如果不遵守这条原则而盲目地采用过大或过小的运动量，其结果不仅对增强体质、延缓衰老无益或收效甚微，反而有损于健康及加速生理老化的过程。

在实践过程中，我们采用客观检测和自我感觉两种方法，对参加者（男 60~74 岁，女 52~73 岁）进行了测试评定，结果验证此套健身法的量和强度是适合于退、离休等老年人的。

五、稳健安全

（一）在此套健身法中，没有难、险的动作。

（二）在动作规格、标准上，都留有可高可低、可大可小的余地。

（三）所使用活动器物，不属于易于伤害人的锐利武器。

（四）增加了一个平衡稳定的支撑点——手杖。

第三节　"手杖健身法"的动作名称和练习方法

一、"手杖健身法"的动作名称

第 1 节　挎杖　圣水浴面
第 2 节　持杖　高台习眼
第 3 节　扶杖　舒筋活关
第 4 节　撑杖　压蹲跳跺
第 5 节　挺杖　伸屈扭转
第 6 节　拄杖　蹬踹踢弹
第 7 节　握杖　仲尼拉弓
第 8 节　提杖　习斋练剑
第 9 节　拉杖　鲁班锯木
第 10 节　拖杖　神农锄田
第 11 节　挥杖　扬场丰收
第 12 节　摇杖　艄公行船
第 13 节　抡杖　乘风破浪
第 14 节　拎杖　驾鹤云端
第 15 节　捺杖　吐故纳新
第 16 节　执杖　信步神州乐园

二、"手杖健身法"的动作图解和练习方法

第1节 挎杖 圣水浴面

动作说明：

右手拄杖，身体自然站立，左脚向左横跨半步，成两脚开立（约与肩宽）；左臂挎杖于肘关节处，屈臂，两手抱于胸前（左手抱右拳）；头正身直，目视拳。（图1、图2）

图1

图2

1. 浴手

（1）揉浴

右手半握拳，在左手掌内做内旋揉浴动作，至右手

小指触及左手食指后，右手立即换握在左手上，而左手（成半握拳）紧贴在右手掌内，做外旋揉浴动作，直至小指触及右手食指后，立即变掌握在右手上。两手依次相互轮换揉浴一回为一次，共做6次。（图3）

注：下面在各个健身法之后，都附有"口令"，此口令是指挥做该健身法的口令。

口令：

揉浴，一二、二二、三二、四二、五二、六二（一是右手在左手掌内揉浴。二是左手在右手掌内揉浴）。

（2）搓浴

两手掌在胸前相对（右手指的末节附贴在左手掌根部），右手顺左手指方向自下向上用力搓浴，直至左手指的末节，搓至右手掌根部时止。依次两手掌相互搓浴，每相互搓浴一回为一次，共做6次。（图4、图5）

图3

图4

图5

注：浴手的目的是使手生热发软，以利于浴面。如果天气太冷时，可以多搓浴几次。

口令：搓浴，一二、二二、三二、四二、五二、六

第一章 手杖健身法

二（一是右手向上搓，左手向下搓。二是左手向上搓，右手向下搓）。

2. 浴面

将搓、揉已生热发软的两手掌抚按在脸的上半部（食指、中指、无名指要触及额上部的发际），两眼微闭，两手掌做自上而下的浴面动作，直至食指和中指的末端触及下腭骨部位时为止。然后，两手接着再顺势从鼻的两侧部位向上做轻微用力的浴面动作，直至两手掌指返回到原来的部位（如洗脸一样，上下反复地洗）。每上、下浴面一回为一次，共做6次。（图6、图7）

图 6　　　　　　　　图 7

口令：浴面，一、二、三、四、五、六。

3. 浴眼

眼微闭，两手用小鱼际部位分别附贴在眼、鼻之间的部位，对眼睑做自内向外的滑动摩浴，直至太阳穴部

位为止，接着，再返回到原处（返回时不做摩浴动作），共做 6 次。（图 8、图 9）

图 8   图 9

口令：浴眼，一、二、三、四、五、六。

4. 浴太阳穴

将两手掌的近大鱼际部位分别附贴在左、右太阳穴处，做自下向后、向上等的回环揉浴动作，每环揉浴一回为一次，共 6 次。（图 10）

图 10

口令：浴太阳穴，一、二、三、四、五、六。

5. 浴前额

（1）右手揉浴

左手托住左腮，右手掌心紧贴在前额，做自下向右的旋转揉浴动作。每旋转揉浴一周为一次，共做 6 次。

（图 11）

（2） 左手揉浴

右手托住右腮，左手掌心贴在前额，做自下向左的旋转揉浴动作。每旋转揉浴一周为一次，共做 6 次。（图 12）

图 11　　　　　　　图 12

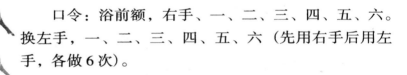

口令：浴前额，右手、一、二、三、四、五、六。换左手，一、二、三、四、五、六（先用右手后用左手，各做 6 次）。

6. 梳发

两手并列，掌心向里，手指自然分开弯曲成齿状，做从前额发际向后经头顶、后脑，直到后颈发际部位的梳发动作。共做 6次。（图 13）

口令：梳发，一、二、三、四、五、六。

图 13

7. 浴耳

两手掌分别附贴在两腮（食指贴在耳垂上），做自前下向后上的搓浴动作，直至掌根超过耳轮尖为止。接着两手做自后上向前下，直到两手返回到腮部的摩浴动作。每上、下搓浴一回为一次，共做6次。（图14、图15）

图 14　　　　　　　　图 15

口令：浴耳，一二、二二、三二、四二、五二、六二（一是两手向后上搓，二是两手向前下搓）。

8. 浴头部

两手附贴在两腮，做自前下向后上经头顶（百会）、后脑（玉枕）至后颈（两手分开）后，再向前下，直至喉头下部的摩浴动作。当两手摩浴至前额上方时，两手指应相互交叉。当两手摩浴至后颈时，头、颈要做向后上挺的动作，与两手向前下的动作形成相互对抗的更加有效的摩浴，直至两手摩浴至喉头部位为止，环绕摩浴一回为一次，共做6次。（图16~图19）

图 16　　　　图 17　　　　图 18　　　　图 19

口令：浴头部，一、二、三、四、五、六。

9. 鸣炮

　　两手用掌心或小鱼际捂住两耳，向内做两次按压（贴紧），接着猛然离开两耳，此时，可以听到"通"地一下似炮声，故名"鸣炮"。共鸣炮 6 次。整个鸣炮动作结束后，要还原到图 1 的姿势。（图 20、图 21）

　　口令：鸣炮，一二放、二二放、三二放，四二放、

图 20　　　　　　　图 21

五二放、六二放（一是两手捂住耳朵，二是两手向内按压，放是两手猛然离开耳朵）。

注意事项：①浴面时用力要由轻到重，应适中，速度不可太快；②戴戒指、耳环、项链者，要注意安全；③天气寒冷时，可增加揉浴次数，也可在室内单独做。

第2节　持杖　高台习眼

动作说明：

右手拄杖，身体自然站立。原地踏步，意在登上九层之台。登高台的做法是：原地高抬腿踏步走，左右脚各踏一次为一步，共踏9步。（图22~图24）

图22

图23

图24

口令：上高台，一、二、三、四、五、六、七、八、九（一至九每个数都是左脚踏住数，而右脚踏空拍）。

登上九层高台之后，左脚向左跨半步，成两脚平行开立（约与肩宽）；两手并握手杖支于体前，杖下端的支点与两脚的重心点约成等腰三角形，杖上端的把手稍向里（距身体 5 厘米左右）；全身处于自然、松静状态，眼前平视。（图 25）

图 25

1. 圆睁紧闭

两眼用力睁开（二目圆睁），再用力紧闭，使上、下眼睑得到有力的扩展和挤压。一睁一闭为一次，共6 次。

口令：圆睁紧闭，一二、二二、三二、四二、五二、六二（一是睁，二是闭）。

2. 上观下瞰

头不动，两眼上观顶天（接近头顶上方的那一片天），下瞰立地（接近脚下站立的那一点地）上观为图26②的方向。一上一下为一次，共做6次。

图 26

口令：上观下瞰，一二、二二、三二、四二、五二、六二（一是观上，二是瞰下）。

3. 左顾右盼

头和身体不动，两眼转动先向左看再向右看。向左看时，左眼目光要沿着左眼角的方向看去，右眼的目光要沿着鼻梁的方向看去，如图26③的方向。每左顾右盼一回为一次，共做6次。

口令：左顾右盼，一二、二二、三二、四二、五二、六二（一是看左，二是看右）。

4. 左斜视

头不动，两眼先向左上方看，再返回看右下方。看时要上看顶天，下看立地，如图26④的方向。每上、下斜视一回为一次，共做6次。

口令：左斜视，一二、二二、三二、四二、五二、六二（一是看左上，二是看右下）。

5. 右斜视

右斜视与左斜视的方法相同，方向相反，视图 26 ⑤的方向，共做 6 次。

口令：右斜视，一二、二二、三二、四二、五二、六二（一是看右上，二是看左下）。

6. 左环视

头不动，两眼从前平视开始，向上、向左经下到右，再向上进行环视，（如图 27⑥的方向。环视时要以天地为目标，环大视远，使眼球转动的范围尽量大些。每环视一周为一次，共做 6 次。

图 27

口令：左环视，一、二、三、四、五、六。

7. 右环视

右环视与左环视的方法相同方向相反，如图 27⑦的方向。共做 6 次。

口令：右环视、一、二、三、四、五、六。

8. 远望近察

①从右至左，两眼目光从鼻尖开始，朝着右前方的大地、物体，由近至远走马观花似地扫目而过（比唐诗中"春风得意马蹄疾，一日看尽长安花"还要快得多）

直至渺茫。再向左扫视到左前方，然后从左前方由远而近地返回到鼻尖为止。每往返一回为一次，共做 6 次。

②从左至右与①方向相反，方法相同，共做 12 次。如图 27⑧的方向。

口令：远望近察，从右：一回、二回、三回、四回、五回、六回（一是从近向远环视，回是从远到近回来。头可随视野转动）。从左：一回、二回、三回、四回、五回、六回。

9. 闭目养神

两眼微闭，全身自然松静，随着自然呼吸的节奏，默数从一至六。其作用是使活动多次的眼睛得到稍许放松。

口令：闭目养神，一、二、三、四、五、六（一至六是表示闭目养神的时间）。

注意事项：避风沙，忌眼疾。

第 3 节　扶杖　舒筋活关

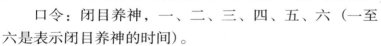

动作说明：

1. 颈部

两脚开立，两手并握手杖于体前。（图 28）

（1）左右扭转

颈部放松，头先向左扭转到最大限度，再回转向右扭转到最大限度。每

图 28

向左右各转动一回为一次，共做9次。（图29、图30）

口令：左右转动，一二、二二、三二、四二、五二、六二、七二、八二、九二（一是向左转，二是向右转）。

（2）左绕环

颈部放松，低头由前向左、向后经右回到前，进行绕环，共做9次。（图31~图34）

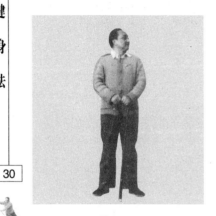

图29

图30

图31

图32

图 33   图 34

口令：左绕环，一、二、三、四、五、六、七、八、九。

（3）右绕环

右绕环与左绕环方向相反，方法相同，共做9次。

口令：右绕环，一、二、三、四、五、六、七、八、九。

注：做绕环动作时，眼可微闭。

2. 肩关节

两脚开立；两手正握手杖横于体前，两手距离约与肩同宽。（图35）

（1）向前绕环

肩关节放松，两臂自然下垂，以上臂上端（接连肩胛部位）为力点，绕身体的横轴做由下向后、向上、向前再回到下的绕环动作，每绕环一周为一次，共做9次。（图36）

图 35　　　　　　　　　图 36

口令：肩部绕环，向前，一、二、三、四、五、六、七、八、九。

（2）向后绕环

向后绕环与向前绕环方向相反，方法相同，共做 9 次。

口令：向后，一、二、三、四、五、六、七、八、九。

3. 肘关节屈伸

两脚开立；两臂自然向下伸直，两手反握手杖横于体前，接着用力屈肘将前臂收于胸前，然后两臂再放松，自然下垂伸直。每伸屈一回为一次，共做 9 次。（图 37、图 38）

口令：肘部屈伸，一二、二二、三二、四二、五二、六二、七二、八二、九二（一是屈，二是伸）。

图 37

图 38

4. 腕关节

两脚开立；前臂屈肘，前臂前平举（将手杖横于前臂上靠近肘关节部位），两手掌心朝上，五指自然张开。（图39）

（1）向内绕环

腕关节放松，手心朝上，五指自然分开，以腕关节为轴，两手用力向内（躯干方向）、向下、向外（这时掌心朝下）做绕环动作，共做9次。（图40）

口令：腕部绕环向内，一、二、三、四、

图 39

五、六、七、八、九。

（2）向外绕环

两手掌心朝外，用力向外、向下、向内、向上翻掌再向外做绕环动作，其他与向内绕环方法基本相同，共做9次。（图41）

图40　　　　　　　　　　　　图41

口令：向外，一、二、三、四、五、六、七、八、九。

5. 握拳弹指

两臂屈肘，前臂平举，掌心朝上，五指用力张开，将手杖横于两臂肘关节处。①握拳：两手从手指末节开始依次用力内屈，直至握成拇指在上的握拳（也叫卷饼式握拳）。②弹指：握拳后立即令在拇指扣压下的四指用力快速伸展弹出，拇指也随之张开，形成五指伸展张开的状态。共做9次。（图42~图44）

图 42

图 43

图 44

口令：握拳弹指，一弹、二弹、三弹、四弹、五弹、六弹、七弹、八弹、九弹（一是握拳、弹是将手指弹开）。

6. 扩胸

两脚开立（约与肩宽），头正身直；右手扶杖于体

前，左臂自然下垂。（图 45）

（1）向左侧方向的扩胸

以脚跟为轴向左转体 90°，左脚向前趋步（约 20 厘米），接着右脚蹬地，脚跟提起，重心前移，顺势做抬头挺胸，左臂向左上方挥摆，两臂外张地扩胸动作，然后胸部内收，身体右转，恢复成预备姿势。（图 46）

图 45

图 46

（2）向右侧方向的扩胸

向右侧方向做扩胸动作时，换左手扶杖，其他与向左侧方向的扩胸方法相同，方向相反。向左、右扩胸共做 9 次。（图 47、图 48）

口令：扩胸，一二、二二、三二、四二、五二、六二、七二、八二、九二（一是扩胸，二是还原。先左后右）。

图 47

图 48

7. 腰部

两脚开立；左手扶杖，右手叉腰，头正身直。
（图 49）

（1）向左绕环

左手扶杖于左前，右手叉腰，腰部放松，上体前屈，以腰椎部位为圆心，环绕身体的垂直轴由前向左、向后、向右、再向前做绕环动作，共做 9 次。（图 50~图 53）

图 49

图 50　　　　　　　　图 51

图 52　　　　　　　　图 53

（2）向右绕环

右手扶杖，左手叉腰（图 54），其他与向左绕环方向相反，方法相同，共做 9 次。

口令：腰部绕环，向左：一、二、三、四、五、六、七、八、九。向右：一、二、三、四、五、六、

图 54

七、八、九。

8. 髋关节

两手扶杖于体前，两脚开立约与肩宽，头正身直；眼前平视。（图 55）

（1）向左绕环

髋关节环绕着身体的垂直轴做自前向左、向后、经右至前的绕环动作。在绕环的整个过程中，要求用力均匀、动作柔和、幅度要大，共做 9 次。（图 56~图 58）

（2）向右绕环

与向左绕环方法相同，方向相反，共做 9 次。

口令：髋部绕环，向左：一、二、三、四、五、六、七、八、九。向右：一、二、三、四、五、六、七、八、九。

图 55

图 56

图 57

图 58

9. 膝关节

两手扶杖于体前，两脚并立，上体稍前倾。（图 59)

（1）向左绕环

屈膝半蹲，两膝合并，用力（力点在髌骨部位）

向前、向左、经后（直膝）向右至前，环绕身体的垂直轴做绕环动作。在绕环的过程中，屈膝的程度向前时最大。每绕环一周为一次，共做9次。（图60~图63）

图 59

图 60

图 61

图 62   图 63

（2）向右绕环

向右绕环与向左绕环方法相同，方向相反，共做 9 次。

口令：膝部绕环，向左：一、二、三、四、五、六、七、八、九。向右：一、二、三、四、五、六、七、八、九。

10. 踝关节

（1）左踝关节向内绕环

左手扶杖，右手叉腰；身体重心移到右腿上，左脚向左后撤半步，自然屈膝，足趾点地，以足趾为支点，做自前向左、向后、经右到前的绕环动作。共做 9 次。（图 64）

（2）右踝关节向内绕环

右手扶杖，左手叉腰；重心左移，右脚向右后撤半

步，自然屈膝，足趾点地，以足趾为支点，做自前向右、向后的绕环动作。共做 9 次。（图 65）

图 64 　　　　　　　　　　　　　　图 65

踝关节的另一种形式的绕环方法。

左踝关节的绕环

左手扶杖，右手叉腰，重心移到右腿，左腿向左前自然举起，脚离地约 20 厘米，以踝关节为轴，脚掌做逆时针方向的绕环动作，共绕环 9 次。（图 66）

右踝关节的绕环

右手扶杖，左手叉腰，重心移到左腿，右腿向右前自然举起，脚离地约 20 厘米，以踝关节为轴，脚掌做顺时针方向的绕环动作，共绕环 9 次。（图 67）

口令：踝部绕环，左踝，一、二、三、四、五、六、七、八、九。右踝，一、二、三、四、五、六、七、八、九。

第一章　手杖健身法

图 66

图 67

11. 足趾下扒

两脚开立（约与肩宽）；两手扶杖于体前；臀部稍后撤，身体重心移在两脚跟和手杖上，脚前掌稍跷起，足趾用力做下扒动作（图 68）。共做 9 次。

口令：足趾下扒，一、二、三、四、五、六、七、八、九。

注意事项：

①绕环范围应逐渐扩大；

②绕环时的用力要均匀，动作要柔和；

③要内视绕环部位，特别要重视握拳弹指及足趾下扒的动作；

图 68

④避开伤、疮等疾病。

第4节 撑杖 压蹲跳踮

动作说明：

两脚平行开立；两手并握手杖撑于体前；头正身直，目前平视。（图69）

图 69

1. 压肩

（1）屈体前压肩

左脚向左跨出半步，成两脚大开立；两臂向前下伸直，两手握杖前移，上体前屈；压肩，上体以肩部为重心，头稍抬，做富有弹性的下压。每下压一次为1次，共做9次。（图70~图72）

图 70

图 71

图 72

（2）屈体左压肩

屈体左压肩与屈体前压肩的主要不同之处是，上体前屈后向右侧转体，右手附在左手上，右臂在左臂的右上方，眼从右臂下向右下方看，做向左侧的弹性下压动作。共做 9 次。（图 73、图 74）

（3）屈体右压肩

与屈体左压肩基本相同，只是上体向左侧转动，左手附在右手上，眼从左臂下向左下方看，做右侧的弹性下压动作。共做9次。（图75、图76）

口令：压肩

前压，一、二、三、四、五、六、七、八、九。

图73

图74

图75

图76

左压，一、二、三、四、五、六、七、八、九。

右压，一、二、三、四、五、六、七、八、九。

2. 压腿

（1）左弓步压腿

屈体右压肩后，右手扶杖，上体抬起左转，左腿屈膝成左弓步，左手扶左膝，同时，右腿向后伸直，脚前掌支地，脚跟提起，做向下弹压腿的动作。共做9次。（图77、图78）

图77

图78

（2）右弓步压腿

左弓步压腿结束后，身体向右后转体180°,成右弓步姿势，同时，换成左手扶杖右手扶膝，做向下弹压的动作。共做9次。（图79、图80）

口令：压腿

左压，一、二、三、四、五、六、七、八、九。

图 79

图 80

右压，一、二、三、四、五、六、七、八、九。

3. 下蹲

两脚开立（略宽于肩）；两手扶杖，屈膝下蹲（最好能深蹲），接着起立（可扶杖），做起、蹲动作时要缓慢。共做 9 次。（图 81、图 82）

图 81

图 82

口令：下蹲、一起、二起、三起、四起、五起、六起、七起、八起、九起（一是下蹲，起是起立）。

注：如不能深蹲，可半蹲或稍蹲等，一定要量力而行。

4. 踮脚

下蹲结束后，随之两脚掌跷起、内扣、着地，两脚跟内移，使两脚距离缩小，成两脚开立，约与肩宽，头正身直；两手并握手杖于体前，眼前平视，身体重心前移，做踮脚动作。踮脚时头要上顶、体要上拔、脚跟上提（如力量不足时，也可借助撑杖的力量），使身体尽量升高，然后放松下落，脚跟着地。共做 9 次。（图 83、图 84）

图 83

图 84

口令：踮脚、一落、二落、三落、四落、五落、六落、七落、八落、九落（一是踮起，落是落下）。

5. 弹跳

两脚开立；两手扶杖；身体重心前移到脚前掌，脚跟提起（如踮脚姿势），做上、下弹跳动作（脚不离地）。共做 27 次。（图 85、图 86）

图 85　　　　　　　　　　图 86

口令：跳、一、二、三、四、五、六、七、八、九。二、二、三、四、五、六、七、八、九。三、二、三、四、五、六、七、八、九。

6. 跨步跳

（1）向左跨步跳

弹跳结束后，换右手扶杖，向左转体 45°，接着左脚向左跨一步，右脚向左跨一步，左脚再向左跨一步，接着左脚起跳（脚不离地），同时右腿屈膝，向左前做自然轻松的摆动。（图 87～图 90）

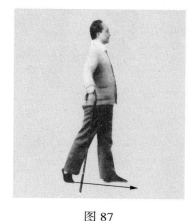

图 87

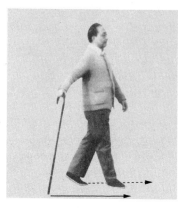

图 88

图 89

图 90

（2）向右跨步跳

在右腿屈膝向左前摆动的动作结束后，右脚接着向右后回摆踏地，同时向右转体，换左手撑杖，左脚向右跨一步、右脚向右跨一步，接着右脚起跳（脚不离地），同时左腿屈膝向右前做自然轻松的摆动。（图91~图94）

图 91

图 92

图 93

图 94

　　向左跨步跳和向右跨步跳相互轮换各做 3 次，并且在做跨步跳的整个过程中，要使全身自然、放松，动作协调而富有节奏性。

　　口令：跨步跳，一二三跳、二二三跳、三二三跳、四二三跳、五二三跳、六二三跳（第一个一二三跳，是向左跨三步跳起。第二个一二三跳，是向右跨三步跳起。左右轮流各做 3 次，共 6 次）。

注意事项：

①用力均匀，动作柔和，防止拉伤；

②在做下蹲动作时，不仅要注意蹲和起的速度不可太快，并在下蹲的深度上也应因人而异，不要强求一致；

③握杖要牢固。

第 5 节　挺杖　伸屈扭转

动作说明：

两脚平行开立（略宽于肩）；两手握杖横于体前（手距约与肩宽）；头正身直，眼前平视。（图 95）

图 95

1. 向左伸屈扭转

①身体右转，重心右移，左腿内旋蹬地，脚跟提起，脚掌用力向左下方蹬伸；同时，两手握杖用力向右上方挺举，并稍向右下扭转，使身体左侧有伸直绷紧之感。（图96）

②接上动。身体向左后转动，重心左移，右腿内旋，脚跟提起，脚掌用力向右下方蹬伸；两手握杖随体转动，并用力向左上方挺举，使身体右侧有伸直绷紧之感。（图97）

图96

图97

③接上动。上体继续自左向下、向后做螺旋式的下降扭转，随着上体的扭转，逐渐屈膝屈髋，身体重心下降，右脚跟着地成马步，挺杖臂也随着上体扭转做

弧形下落。此动作要使上体向左后扭转到最大限度。
（图 98）

图 98

④接上动。上体放松，向右后顺势转体，同时两腿逐渐伸直，上体正直；两手握杖横于体前。可参见图95。共做 9 次。

2. 向右伸屈扭转

向右伸屈扭转与向左伸屈扭转的方向相反，方法相同。共做 9 次。（图 99~图 102）

当此动作结束后，身体还原成预备姿势。可参见图 5。

口令：伸屈扭转

向左，一二三四，二二三四，三二三四、四二三四，五二三四，六二三四，七二三四，八二三四，九二三四（一是向右伸，二是向左伸，三是向左后扭转，四

图 99

图 100

图 101

图 102

是向前转还原）。向右，一二三四、二二三四、三二三四、四二三四、五二三四、六二三四、七二三四、八二

三四、九二三四（一是向左伸，二是向右伸，三是向右后扭转，四是向前转还原）。

注意事项：

①向上伸展的高度和向侧后扭转的幅度要量力而行，能高则高，能大则大，不可强求一致，硬达标准；

②动作要舒展、连贯、协调、缓慢而柔和；

③呼吸，可随伸展而吸，随放松而呼，也可取自然呼吸。

第6节　拄杖　蹬踹踢弹

动作说明：

1. 蹬踹

（1）向左方进行的蹬踹

两脚开立，右手拄杖，头正身直，眼前平视。（图103）

①右脚蹬踹。右手拄杖，左手叉腰，以左脚跟、右脚掌为轴，向左转体90°，成两脚前、后开立的姿势。接着右脚蹬地，身体重心移到左腿，右腿屈膝前举并外旋，同时右脚（勾脚）顺势向前下方踹出，力点在脚跟部位。踹出的高度不要超过左膝

图 103

的高度。右脚踹出后接着放松，随其下落回摆的惯性屈膝后摆，当右膝摆至左腿内侧部位时，右脚用力向右后下方蹬出。右脚后蹬后放松，并随其下落前摆的惯性向前迈出一步，手提杖前移一次，换左脚蹬踹。（图104～图107)

②左脚蹬踹。接上动。左脚蹬地，身体重心前移到

图 104

图 105

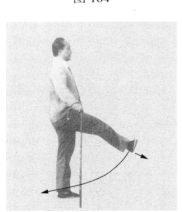

图 106

图 107

右腿，左腿屈膝，并顺势前举到大腿接近水平部位外旋，勾脚用力向前下方踹出，力点在脚跟部。左脚踹出后，接做后蹬（与右脚后蹬的方法相同）。两脚依次轮换蹬踹，共做9次。

注：每前迈一步都做蹬、踹动作各一次。在向左方向进行蹬踹的最后一个后蹬动作结束后，右腿随即外旋，同时向右后转体180°，换左手拄杖，右手叉腰（图108），再做向右方向进行的蹬踹。

（2）向右方向进行的蹬踹

向右方向进行的蹬踹与向左方向进行的蹬踹方法相同，方向相反。（图109~图112）

图 108

图 109

图 110

图 111

图 112

2. 弹踢

在向右方向进行的蹬踹结束之后，左腿下落、后摆、外旋，同时以右脚跟为轴向左后转体 180°，换右手拄杖、左手叉腰，成向左进行弹踢的预备姿势。（图 113）

（1）向左方向进行的弹踢

①右腿弹踢。右脚蹬地，重心前移，左脚踏地，手杖前移，右腿随之屈膝（小腿放松）前举（大腿到水平部位），接着小腿用力向前弹踢，脚面绷直，力点在前脚背（图113~图 116）

图 113

②左腿弹踢。右腿弹踢后放松下落，同时左脚蹬地，重心和手杖前移，右脚向前迈出一步，重心随之移到右脚，接着左腿屈膝前举，进行左腿的弹踢，左腿弹踢的方法与右腿的弹踢方法基本相同。（图117）

图114

图115

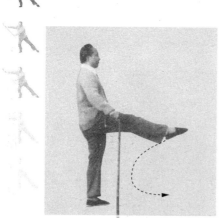

图116

图117

每前进一步做一次弹踢，两腿相互轮换做，共做9次。

（2）向右方向进行的弹踢

向右方向进行的弹踢与向左进行的弹踢，方向相反，方法相同。（图119~图122）

图 118

图 119

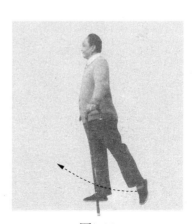

图 120

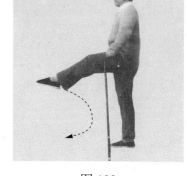

图 121   图 122

　　需要说明的是：①向左方向进行的踢弹结束后（参见图 116），右腿随下落回摆的惯性顺势后摆、外旋，同时以左脚跟为轴向右后转体 180°,换左手拄杖，右手叉腰，右脚迈步踏地，重心前移，成向右进行弹踢的预备姿势（参见图 118 和图 119）。②向右进行的弹踢结束后，左腿放松下落回摆，同时向左转体 90°，换右手拄杖，还原成图 103 的姿势。

　　口令：蹬踹踢弹

　　蹬踹，一二三、二二三、三二三、四二三、五二三、六二三、七二三、八二三、九二三、转身做一二三、二二三、三二三、四二三、五二三、六二三、七二三、八二三、九二三（一是向前踹，二是向后蹬，三是向前一步。转体做是向左后转体 180°，改为向右方向进行）。踢弹，一二，二二，三二，四二，五二，六二，七二，八二，九二，转体做一二，二二，三二，四二，五二，六二，七二，八二，九二（一是向前弹踢，

二是向前迈出一步。转体是向右后转体 180°向右方向
进行）。

注意事项：

①在整个的"蹬踹踢弹"过程中，自始至终都要立
稳、行稳、动作稳；

②用力要适度，不可过猛；

③力点对，目标准。

第7节　握杖　仲尼拉弓

动作说明：

1. 向左进行的拉弓射箭

（1）左式（左腿在前）拉弓射箭

①从两脚开立、右手扶杖开始，以右脚跟为轴向左
转体 90°,接着左脚向前迈出一步，踏地屈膝，右腿蹬
伸，重心前移，成左弓
步；同时右手提杖前
摆，换左手握杖，右手
在左手后 10 厘米处
（意在拉弓）成左式拉
弓射箭的预备势。（图
123~图 125）

②拉弓射箭。左
脚向前下用力蹬地，
上体后撤，身体重心
后移，右膝稍屈，左

图 123

图 124 图 125

臂用力向前上方挺伸、推顶、稳固，同时右手屈指用力勾住弓弦后拉，目视左前上方的箭射目标（可以两眼同视）。当将弓拉成满弓的瞬间，快速松手脱弦放箭。（图 126）

（2）右式（右腿在前）拉弓射箭

①在左式拉弓放箭后（参见图 126），接着右脚蹬地，身体重心前移，向左后转体，右脚随之向前迈出一大步，成右弓步；同时，左手握杖下落至体前换成右手握杖，接着，右臂直臂将杖前举至右肩高度，而左臂换握后放松顺势后摆，然后随右臂前举而向前上摆至距右手 10 厘米处，成右式拉弓射箭的预备势。（图 127、图 128）

②拉弓射箭。右式拉弓射箭与左式拉弓射箭在动作上基本相同。向左方向共做 9 次拉弓射箭，再返回向右做。（图 129）

图 126

图 127

图 128

图 129

2. 向右进行的拉弓射箭

在向左进行的拉弓射箭动作结束后（参见图 126），接着左脚内扣，右腿直膝，身体重心左移，向右后转体180°，右脚外展踏地，右腿屈膝； 同时两手在体前换握杖后，右手握杖前举（略高于肩），左臂也随之前摆（两手相距约 10 厘米），成右式拉弓射箭的预备姿势。其他关于拉弓射箭的动作做法皆与向左进行的相同。共做 9 次。（图 130、图 131）

图 130　　　　　　　　　　　　　图 131

口令：仲尼拉弓

向左，一二、二二、三二、四二、五二、六二、七二、八二、九二。转体做一二、二二、三二、四二、五二、六二、七二、八二、九二（一是拉弓，二是放箭及向前迈步换另式做，转体做是向右后转体接做拉弓）。

注意事项：

①拉弓时要前腿蹬后腿弓，挺腰、扩胸、展臂，使前臂推、顶、定（固定把位），后手臂拉满弓；

②一步一放箭，内力在其中。

第8节 提杖 习斋练剑

动作说明：

1．向左进行的练剑

（1）左弓步平抹

两脚开立、右手拄杖。（图132）

①向右转体45°,右腿屈膝，左腿向后撤步；同时右手将杖提起，左手握杖中部，右手从杖柄换握至杖身上部。（图133）

图132

图133

②接着，左手松开杖，变为剑指贴附在右手腕部；同时身体重心下降，并向左后转体。（图134）

③右腿蹬伸，身体重心左移，左腿屈膝，成左弓步。（图135）

④接着，右臂由右后挥剑向前平抹（力点在剑身的前刃），同时，左臂由身前向下弧形上摆至头的左上方抖腕。（图136）

（2）左虚步撩剑

①右脚蹬地，身体重心前移，上体稍左转，右脚向前迈步右腿外旋、脚外展踏地。（图137）

图 134

图 135

图 136

图 137

②接着，左脚蹬地、重心移到右腿上，左腿屈膝提起向前移步，脚尖点地，右腿屈膝、屈髋，身体重心下降，成左虚步；同时，右手持剑，由前下向左上提至左胸前（左手剑指贴附在右手腕上），接着内旋，并由左上向下、向右前做弧形挥摆，将剑撩至右上方（握剑手稍高于眼），力达剑身外刃，成左虚步撩剑。（图138）

注：一抹二撩，依次做到八撩后，接做九刺。

（3）右弓步前平刺

①在最后一个虚步撩剑动作结束后右腿蹬伸，向左转体，左脚外展前移踏地，上体继续向左转体，两腿交叉；同时，右臂（持剑手臂）前伸，左臂向左下弧形上摆，手腕放松、剑指下垂。（图139）

图138　　　　　　　　　图139

②接着左腿站立，右腿屈膝提起，右臂屈，将持剑手收于右肋部，上体稍右前倾，右脚顺势向前跨出一步成右弓步；同时，左臂向上挥摆抖腕，使剑指在头的左

上方，而右手持剑向前快速用力将剑刺出，力达剑尖。
（图 140、图 141）

图 140 图 141

2. 向右进行的练剑

在向左进行的最后一个右弓步前平刺的动作结束以后，右脚掌内扣，左脚向左后撤步，上体前倾；右手持剑前举（剑尖向下），左手剑指附在右手腕部（参见图 134），接着做向右进行的练剑。

向右进行的练剑与向左进行的练剑方向相反，方法相同。（图 142~图 148）

图 142

图 143

图 144

图 145

图 146

图 147　　　　　　　　图 148

结束后，还原成预备势。参见图 132。

　　口令：一抹、二撩、三抹、四撩、五抹、六撩、七抹、八撩、九刺。转身做，一抹，二撩、三抹、四撩、五抹、六撩、七抹、八撩，九刺（一是弓步平抹，二是虚步撩剑，一抹一撩连续轮换做，到九做弓步直刺。转身是向左后转体 180°，向右方向进行）。

　　注意事项：

　　①动作要连贯、协调、优美、刚柔相济；

　　②形、神合一，力点准确。

第 9 节　拉杖　鲁班锯木

动作说明：

1. 左腿在前的锯木

　　①两脚开立、两手握杖横于体前。右脚内扣、左脚

外展、向左转体90°，随之左脚向前出步，成前弓后蹬；两手握杖于体前成拉锯预备姿势。（图149、图150）

②拉锯。左脚向前下蹬地，上体后撤，身体重心后移；同时两臂用力后拉，直至两臂屈、上体仰、右腿屈、左腿蹬直、脚掌跷起，将杖拉至胸前为止。（图151）

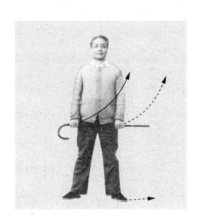

图 149

图 150

图 151

第一章 手杖健身法

③送锯。右脚蹬地，脚跟提起，身体重心前移，左腿屈膝成左弓步；同时，两臂轻柔地将杖向前推送，上体也随之前俯，一拉一送为一次，共做 9 次。再向右后转体 180° 改做右腿在前的拉锯。（图152）

图 152

2. 右腿在前的锯木

右腿在前的锯木方法与左腿在前的锯木方法基本相同。共做 9 次。（图153~图156）

注：待左腿在前的最后一次向前推送锯木动作结束

图 153

图 154

图 155　　　　　　　　图 156

后（如图 152），向右后转体（直臂）180°（如图 153）成右腿在前的拉锯预备姿势（如图 154）。接着做右腿在前的锯木动作。待全节锯木动作结束后，向左转体、左脚右移，还原开始前的姿势，参见图 149。

　　口令：鲁班锯木

　　面向左，一二、二二、三二、四二、五二、六二、七二、八二、九二。转身做，一二、二二、三二、四二、五二、六二、七二、八二、九二（一是拉，二是送，转身做是向右后转体 180°，面向右方做）。

　　注意事项：

　　①拉锯时用力，推锯时稍微放松，拉、推动作都要协调、柔和；

　　②上体的前倾后仰和下肢的蹬伸、屈降等都要与拉、推相互协调配合，富有节奏感；

　　③目视锯口处、耳听锯木声。

第一章　手杖健身法

第10节 拖杖 神农锄田

动作说明：

1. 向左进行的锄田

（1）左腿在前的锄田方法

①两脚开立、两手握杖横于体前，身体左转，重心右移；两手握杖向右后挥摆；目视前下方。（图157、图158）

图 157

图 158

②向前下挥锄。右脚蹬地，左脚向左前迈出半步，身体重心前移，上体前俯成左弓步；同时，两手顺势将杖向左前下方挥出；眼看锄的目标。（图159）

③向后拉锄。左脚蹬地，重心后移；同时，两臂用力向后拖拉手杖（锄地。杖不能触地），直至左腿蹬直，

重心移到右腿，屈膝，屈髋，脚跟着地；左肘靠近身体，眼看右手为止。（图160）

图159　　　　　　　　　　图160

此种前挥、后拉的动作，要连续做3次。并且在每步三次挥拉中，各次前挥的目标（假设的锄地点）是自左向右成扇面形排列。待三次挥、拉动作结束后，接着向左转体，右脚向右前迈步，成右腿在前的锄地姿势。参见图161。

（2）右腿在前的锄田方法

待左腿在前的锄田动作结束后，右脚蹬地，左脚外旋，身体重心移到左腿，向左转体，右脚向右前迈出一大步；同时，两手随着转体迈步换成左手正握、右手反握。（图161）

①向前挥锄。左脚蹬地，脚跟提起，右腿屈膝，上体前俯，身体重心前移，并顺势将手杖向前下方挥出。（图162）

②向后拉锄。其方法与左腿在前的拉锄方法基本相同，但每步三次的挥锄目标是自右向左成扇面形排列，共前进6步，做18次挥、拉动作。（图163）

图 161

图 162

图 163

2. 向右进行的锄田

待向左方向进行的最后一次拉锄动作结束后，右腿内旋，脚内扣，左腿外旋，以脚跟为轴向左后转体180°；同时两手在体前换握杖成向右方向进行的姿势。其挥、拉锄的方法与向左进行锄田的挥拉方法相同，也前进6步，做18次挥、拉动作，待全节动作结束后，还原成图157的姿势。（图164~图166）

图 164

图 165

图 166

口令：神农锄田

向左，一二三上步，二二三上步，三二三上步，四二三上步，五二三上步，六二三，转身做一二三上步，二二三上步，三二三上步，四二三上步，五二三上步，六二三（一二三是锄三下，上步是向前迈一步换另一姿势再做，转身是转向相反的方向进行）。

注意事项：

①在整个锄田的过程中，都要心神合一，张弛交替，动作协调；

②拉锄时要用力；

③切忌刨地；

④在计算步数和挥拉次数时，可采用一二三、二二三……六二三的默数方法，以防混乱不清。

第 11 节 挥杖 扬场丰收

动作说明：

1. 左腿在前向左进行的扬场

①两脚开立、两手握杖横于体前（图 167）。以左脚跟、右脚掌为轴，向左转体 90°，身体重心后移，左脚跟提起；两手持杖；目视杖下端方向，成铲籽粒前的预备姿势。（图 168）。

②铲籽粒。右脚蹬地、左脚向前趋步，屈膝，身体重心前移，右脚随即跟进；同时，两手合力向前下做铲籽粒（推送手杖）动作。（图 169）

③扬场。左脚蹬地，上体抬起并稍后仰；同时，两

臂用力将杖向左上方挥扬，当右手高过眼时，握杖下压，左手抖腕上挑，两者合力，使杖的前端（锹头）出现一个弧形上抿的抖动动作，使锹中的籽粒滑脱离锹，并在空中形成一条弧形粮带。（图170）

图 167

图 168

图 169

图 170

④扬场动作结束后，两臂放松，臂、杖下落，成铲籽粒前的姿势。接着再做铲籽粒地动作，向左进行的扬场。共做 9 次。参见图 168。

2. 右腿在前向右进行的扬场

当左腿在前向左进行的扬场动作结束后，接着以脚跟为轴向右后转体 180°；同时，将上扬的手杖顺势从空中向右后挥摆，两手也随之换握，接着做右腿在前向右进行的扬场动作。（图 171、图 172）

图 171   图 172

向右进行的扬场动作与向左进行的扬场方向相反，方法基本相同。共做 9 次扬场动作。（图 173、图 174）

图 173   图 174

口令：扬场丰收

向左，一二、二二、三二、四二、五二、六二、七二、八二、九二，转身做一二、二二、三二、四二、五二、六二、七二、八二、九二（一是下铲籽粒，二是上扬，转身是向右后转体 180°，改为向相反的方向进行）。

注意事项：

①要有丰收的喜悦心情；

②目视锨头；

③铲和扬的动作，要做得连贯、协调、伸展、大方而有力。

第 12 节 摇杖 艄公行船

动作说明：

1. 左腿在前向左进行的摇橹行船

①两脚开立，两手握杖横于体前。以左脚跟、右脚掌为轴，向左转 90°，身体重心后移；同时，两手持杖于胸前。（图 175、图 176）

图 175

图 176

②摇橹行船。右脚用力而快速地向后下方蹬地，脚跟提起，左脚向前跨出一大步（踏地时脚跟先触地），上体前倾；同时，两臂自下向上、向前，绕身体横轴做摇橹动作（图 177），在两手持杖摇至体前方最远处时，两臂用力向下、向后拉引；同时右腿屈膝、脚掌拖地跟进；在右脚跟进的同时，两手持杖也摇至体前下方的最

低处，即这次摇橹行船动作的结束和下次摇橹动作的开始。共做9次。（图178）

图 177

图 178

2. 右腿在前向右进行的摇橹行船

在向左进行的摇橹行船动作结束后，以两脚跟为轴，向右后转体180°，成右腿在前，向右进行的预备姿势。其摇橹行船的方法与向左进行的摇橹行船方法相同。共做9次，整个动作结束后，还原成图175所示姿势。（图179~图181）

口令：艄公行船

向左，一、二、三、

图 179

第一章 手杖健身法

图 180　　　　　　　　　　图 181

四、五、六、七、八、九。转身做一、二、三、四、五、六、七、八、九（一是摇一下前进一步，转身是向右后转体180°，向相反的方向进行）。

注意事项：

①心想海阔天空，目视远大航程；

②稍屈腿、屈髋，使身体重心下降，并保持在一个水平上；

③摇橹动作要连贯，用力均匀，富有节奏；

④体会艄公出航奋进的心情，其乐无穷。

第13节　抡杖　乘风破浪

动作说明：

1. 向左侧进行的乘风破浪

①两脚开立，两手握杖横于体前。左脚蹬地，脚跟

提起，身体重心右移；两手向右上举杖；目视左下方。
（图 182、图 183）

②右腿屈膝下蹲，左脚向左趋地伸出成仆步，同时身体重心下降；两手持杖自右上向前下挥摆、上体稍前俯。（图 184）

③接着右腿蹬伸，上体左移，成左腿屈膝下蹲的仆步姿势。（图 185）

图 182

图 183

图 184

图 185

第一章 手杖健身法

④右脚蹬地，重心左移，身体起立，右脚拖地跟进；同时，两手握杖自下向左、向上顺时针绕身体纵轴弧形挥摆至头上方；目随杖移。两手持杖自上向右挥摆至右上方时为一次，共做9次。（图186）

图 186

2. 向右侧进行的乘风破浪

在向左侧进行结束后，即两臂挥杖于头上方时，右脚点地，身体重心左移；两臂改为逆时针挥摆，即为向右挥摆。（图187）

向右与向左挥摆，其方向相反，方法基本

图 187

相同。此法共做 9 次。待结束后，还原成图 182 所示的姿势。（图 188~图 191）

　　口令：乘风破浪

　　向左，一、二、三、四、五、六、七、八、九，转

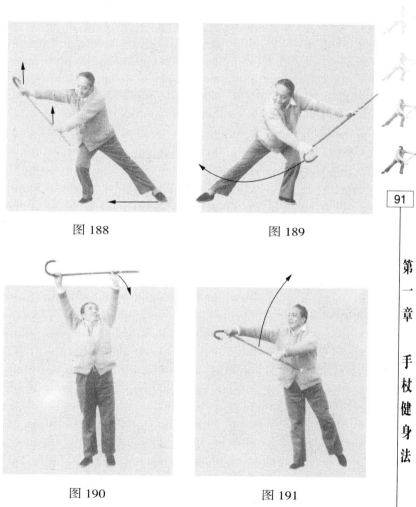

图 188　　　　　　　　　　　　图 189

图 190　　　　　　　　　　　　图 191

身做一、二、三、四、五、六、七、八、九（一是抡杖一周横跨一步，转身是折转向右进行）。

注意事项：

①心想波浪滔天之奇景；

②上、下起伏时要显示出乘风破浪之势、久经风雨、坚强勇敢等老当益壮之气概；

③呼吸自然，但也可采取起时吸、伏时呼。

第14节　拎杖　驾鹤云端

动作说明：

1. 驾鹤向左方飘飞

①两脚开立，两手持杖横于体前。以左脚跟、右脚掌为轴，向左转体90°；同时，两手将杖移至左肋处，左手移握杖身的重心处；身体重心后移，左脚掌点地；目视前方。（图192、图193）

图192

图193

②接着，左、右脚依次向前迈步；两臂随之向前、后做自然、轻松、柔和的展翅飘飞动作。左右脚各迈一次为一步，共前进9步。（图194、图195）

图194

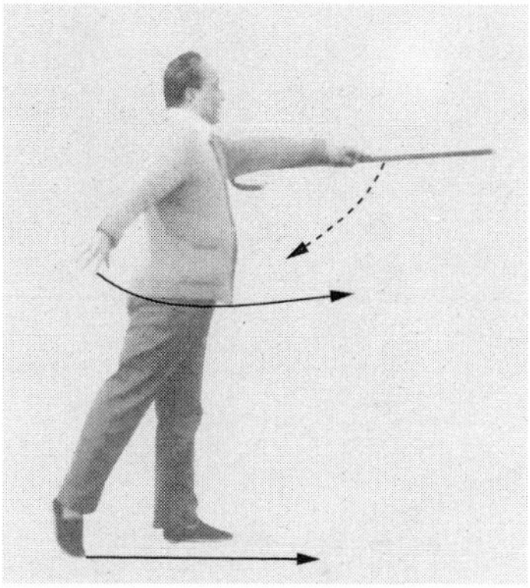

图195

2. 驾鹤向右方飘飞

向左方飘飞之后，接着向左后转体180°；同时，换右手拎杖，在两手换握杖时，可以用抛或接的方法进行换握。其他与向左方驾鹤飘飞的方法相同。前进9步后，还原成图192的姿势。（图196~图199）

口令：驾鹤云端

向左，一、二、三、四、五、六、七、八、九。转身做一、二、三、四、五、六、七、八、九（左脚踏数字，右脚踏空拍，右脚向前走九步时向左后转体180°，向相反的方向进行）。

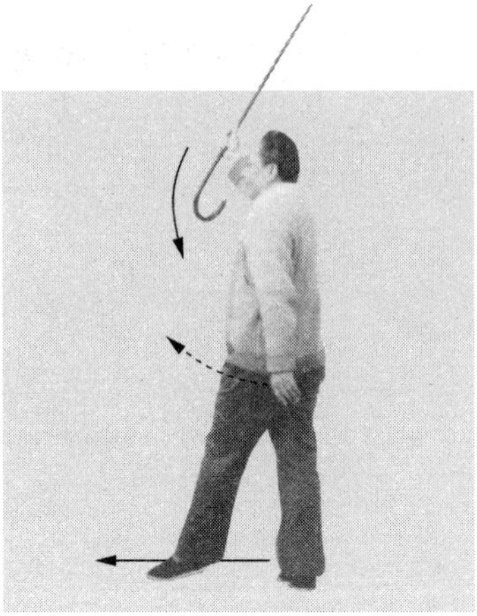

图 196

图 197

图 198

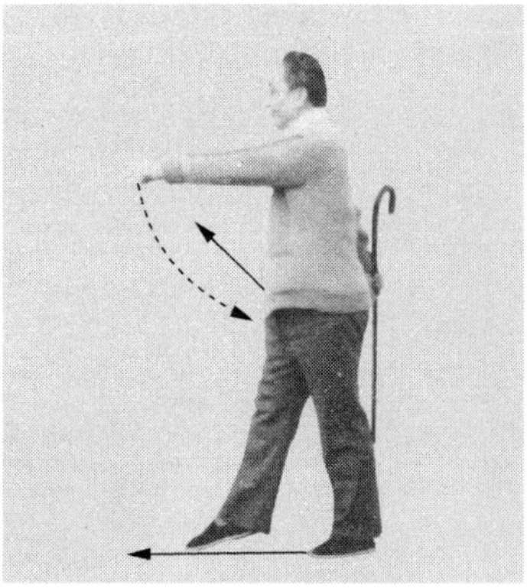

图 199

注意事项：

①动作要自然、放松、柔和、轻盈；

②步幅不要过大；

③要有驾鹤云游、悠然自得之意（实属放松动作）；

④由动过渡到静，也为下节的"吐故纳新"做准备。

第15节　捻杖　吐故纳新

动作说明：

1. 两脚开立（约与肩宽）；两手并握手杖于体前；身体自然放松，眼微闭，心安神静。（图 200）

图 200

2. 吐故纳新。先吸后呼，吸气时用鼻，呼气时用口或口、鼻并用。吸气时要意领气随，呼气时要意催气出。一吸一呼为一次，共做 12 次。在前 6 次的呼吸中，要随身体的活动状态自然呼吸，在后 6 次的呼吸中，第一，要深呼吸，做到细、缓、匀、深。第二，两臂要随

吸气向两侧张开，随呼气内收，以助深吸深呼。呼吸后还原成图 200 所示的姿势。（图 201、图 202）

图 201　　　　　　　　　　图 202

口令：吐故纳新

吸、呼一，吸、呼二，吸、呼三，吸、呼四，吸、呼五，吸、呼六。深呼吸，吸、呼一，吸、呼二，吸、呼三，吸、呼四，吸、呼五，吸、呼六。

注意事项：

①呼吸时要内视气的徐徐进出（不可快猛），耳闻气息声；

②在严寒或风沙时应少做或不做。

第 16 节　执杖　信步神州乐园

动作说明：

从吐故纳新的预备姿势开始。以左脚跟、右脚掌为轴，向左转体 90°，成右手执杖、左腿在前，两脚前、后开立。接着从左脚开始向前走 9 步后（左、右脚各前迈一次为一步，如在走第 9 步时，左脚向前迈步后，右脚做原地踏步），再向右后转体 180°，换左手执杖。重心移至右脚，从左脚开始，向前走 9 步，返回到原来的位置（图 203~图 205），再左转体 90°成右手挂杖的

图 203

图 204

图 205

第一章 手杖健身法

自然站立姿势（图206），即本套健身法开始前的预备姿势。

图 206

口令：信步神州乐园

向左，一、二、三、四、五、六、七、八、九。转身做一、二、三、四、五、六、七、八、九（左脚踏着数字，右脚踏空拍）。

注意事项：

在信步神州乐园的过程中，要全身放松，悠闲自得，意在四海蓝天之间，情于幽雅诗意之景，优哉游哉，心旷神怡地信步畅游于我们伟大的神州乐园之中。

说明：

以上所述各节都有开始前的预备姿势和结束后的还原动作。但在实际操练时，一般都是使各节相互连接，即上节的结束姿势，则为下节的开始，而省略了开始前的预备姿势和结束后的还原动作。

第四节　练习"手杖健身法"应注意的问题

一、做动作时要做到心专意领，不受外界的任何干扰，要抛去心头的喜、怒、忧、思，专心致志、聚精会神地做动作。所谓意领，与书法中讲的"意先笔后，意领笔随"一样，在做动作的过程中，关于动作的做法、动作的方向、路线、幅度、速度、节奏等，都要思先行后、意领身随，方可收到事半功倍的效果。

二、动作要稳健、柔和，用力均匀，富有节奏。在设计这套动作时，这是一个重点考虑，但每个动作用力的大小、速度的快慢等，都可能有所不同。如"鲁班锯木"这个动作，可以稳健、柔和、协调而有节奏地做，也可猛拉快推等大强度地做。因此，在这里再次强调，老年人是不适于做快速、猛烈、重心不稳等动作的。

三、要循序渐进，灵活掌握，运动量适度，此条的关键是运动量适度。要想运动量适度，就要灵活掌握。这套健身法共有 16 节 72 种健身方法、近 700 个健身动作，做一遍约需 30 分钟，对刚迈入老年范围（男 60 岁、女 55 岁）而体质又较好的人，可能有的感到运动量偏小，对 70 岁以上而体质较差的人，可能感到运动量大了一些，这就需要根据不同对象而灵活掌握。感到运动量偏小者，可适当增大动作的幅度和力量，也可增加重复次数或增加强度和密度。感到运动量偏大者，则可减小动作的幅度和力量，也可减少重复次数，甚至减去某些节次。总而言之，既要尽力而为，又要量力而行，切不可过量。

怎样才算运动量适度呢？目前一般都采用客观检测评定或主观感觉两种方法进行评定。

在客观检测评定中，目前国内外都有人用公式180-年龄=/分钟最高数进行计算，即以每分钟为单位，180减去年龄而得出的数，则为一般健康人活动时每分钟心率最高数。

主观感觉，即锻炼后，身体稍感疲累，但很快就恢复了，并且到第二天感到全身轻松，心情舒畅，精神良好，这就是运动量适度。若运动后身体无任何反应，既没有出汗又没有一点疲劳之感，这可能是运动量小。若运动后汗流浃背，疲惫不堪，很久不能恢复，甚至到第二天还有不适之感等，这就是运动量大了，应减量。

四、要持之以恒。毛泽东在《体育之研究》一文中讲："凡事皆宜有恒，运动亦然。有两人于此，其于运动也，一人时作时辍，一人到底不懈，则效不效必有分矣。"又讲："运动而有恒，第一能生兴味……第二能生快乐，运动既久，成效大著，发生自己价值之念。以之为学则胜任愉快，以之修德则日起有功，心中无限快乐，亦缘有恒而得也。"对此，大家在几十年的人生实践中，也都有所体会，故在此不赘述了。

五、要建立和加强自我监督和医务监督，要经常体察自己身体的状况，全身是否舒适、心情是否愉快，吃饭、睡眠、精神状态是否正常，脉搏有无异常变化等。这是老年人应特别留心的一件大事。

六、关于呼吸问题。在做此套健身法时，除了在做

"吐故纳新"时要深呼深吸之外，其他皆采用自然呼吸。当然，有时也应与动作相配合。如做伸展动作时要吸、做收缩动作时要呼等。

第五节　"手杖健身法"的节拍和呼喊口令方法

　　"手杖健身法"的节拍和呼喊口令方法，是"手杖健身法"内容的一部分，它不仅是其做法、程序的概括，并且是动作节奏、韵律的具体表达。特别是在集体做时，如果没有适宜的节拍、合理的程序及简要口令的呼喊方法，就难以达到动作一致、姿势正确、收效良好等目的。为此，根据"手杖健身法"的内容、方法、特点、要求等，设计了适宜于本套健身法的节拍及呼喊口令方法。

　　此套健身法在节拍方面采用了"六"和"九"，即每一健身法重复做6次或9次。其因是：第一，为调节适宜于老年人的运动量；第二，我国人们在很多方面都喜欢用六和九这两个数值和词语，因为"六"表示"全和多"，"九"表示"高、大、广"等。特别是老年人用得就更多了，如"六十大寿""九十高龄"、九九重阳节为"老年节"等；第三，在《易经》中六为"阴"，九为"阳"，有阴有阳，阴阳相合万象更新，阴阳相合经络通畅，经络通畅身心健康、益寿延年。

　　在口令的呼喊方法上，本健身法中有的采用"一、二、……"有的采用"一二、二二、三二、……"还有的附有文字，如握拳弹指的呼喊口令是"一弹、二弹……"都是根据各动作的做法和要求而设计的。其具体做法已分别写进各节。

注释

1. "圣水浴面"

所谓"圣",孔子曰："于事无不通谓之圣。"后指道德修养高尚或学有专长、造诣极高深的人,如圣人、圣手、诗圣、书圣等,皆此意;亦指人们所崇敬的地方,如某某圣地。"圣水"指北京之琉璃河。《水经注》云："圣水出上谷,水出郡之西南圣谷。"唐代李商隐《李义山诗集·镜槛》卷四有"玉集胡沙割,犀留圣水磨"的诗句。"浴面",我国宋代健身术中有"干沐浴、浴手、浴臂、浴头、浴眼……"之说。"圣水浴面",意在用圣洁而纯净之水进行浴面,以达圣洁纯净、目明耳聪、精神焕发、以保童颜永生之目的。

2. "高台习眼"

借"高瞻远瞩"之意。《老子》六十四章："九层之台,起于累土。"九层之台极言其高。意在高台上练习眼睛,能使目光远大,站得高看得远。

3. "仲尼拉弓"

孔子名丘,字仲尼(公元前551—前479年),是春秋末期的思想家、政治家、教育家、儒家创始人,世界文化名人。鲁国邹邑(今山东曲阜)人。曾当过官,晚年致力于教育。射箭不仅是他教育学生的一门课程,同时也是他的养生之道。毛泽东在《体育之研究》一文中说道："射于矍相之圃，盖观者如墙堵。"就是记述孔子射箭时众人围观之盛况。"仲尼拉弓"是借孔子的健身之法，来锻炼我们的身体。

4. "习斋练剑"

习斋姓颜，名元，字习斋，清朝人。研究学问主张实践，勤劳动，忍嗜欲，苦筋骨，习六艺，兼长武术。毛泽东在《体育之研究》一文中讲："习斋远跋千里之外，学击剑之术于塞北，与勇士角而胜焉。故其言曰：'文武缺一岂道乎？'。""习斋练剑"一词即由此而来。

5. "鲁班锯木"

鲁班，我国古代著名工匠，复姓公输名般，春秋鲁国人。般与班同音，故又称鲁班。曾创造攻城云梯和磨面粉的硙（磨子），并创造了刨、锯、钻等木作工具，历代木工都尊称他为"祖师"。也常用鲁班比喻能工巧匠。这里是借鲁班锯木的动作，结合老年人的特点设计的一种锻炼身体的方法。

6. "神农锄田"

神农、神农氏，在我国古代传说中，是农业和医药的发明者。远古时代人类以采集鱼猎为生，神农氏教民用木制耒、耜播种五谷，反映了中国原始时代由采集鱼猎进步到农业生产的情况。"神农锄田"即借助有代表性的劳动动作进行健身活动。

7. "乘风破浪"

"乘风破浪"一语出自《宋书·悫传》。悫少时，炳（悫的叔父）问其志，悫答曰："愿乘长风，破万里浪。"后来比喻志向远大，不怕困难，奋勇前进，或在已取得成绩的基础上继续前进。本节是全套健身法中动作起伏用力较大、运动强度最大、脉搏变化曲线上升到最高峰的一节，借以显示老年人老当益壮、刻苦顽强、奋勇前进的精神。故而将其动作取名为"乘风破浪"。

8. "驾鹤云端"

古代传说有仙人骑着黄鹤飞临武汉的黄鹄矶上，后起楼名为"黄鹤楼"。唐代崔颢有"昔人已乘黄鹤去，此地空余黄鹤楼。黄鹤一去不复返，白云千载空悠悠"的诗句，历代相传。这里是借仙人驾鹤云端的潇洒飘逸的神态，以舒展肢体，达到身松意爽的目的，使身体负荷在"乘风破浪"的大运动量之后，逐渐放松缓慢下来。

9. "吐故纳新"

出自《庄子·刻意》："吹呴呼吸，吐故纳新。"本指人体呼吸，吐出二氧化碳，吸进新鲜空气。也比喻扬弃旧的吸收新的。在中国传统的养生之道中素有"吐纳术"。这里借用其法，采用专门动作，锻炼人的吸呼系统。

10. "信步神州乐园"

信步：随意走动、散步。神州：战国时驺衍称中国为"赤县神州"，后世用"神州"作为中国的代称。乐园：繁荣昌盛而欢乐的园地。其意是：老年人在我们繁荣昌盛、如花似锦的祖国大地上，悠闲自得地信步畅游。从这套健身法的组织结构上讲，"信步神州乐园"是这套健身法的最后一节，属于整理放松活动。取此名，不仅是身体上做放松动作，心情上也感到舒适安逸。

第二章　漫谈老年人的养生之道

人生长在天地之间、社会之中，从其母体中形成胚胎那一刻起，直至断绝最后一口气时止，都不是孤立生存的，而是与客观环境及自身活动等息息相关。因此，在老年人的健康长寿这一重大课题中。它既牵扯到先天的遗传因素，又有后天教养的影响，既与客观环境（社会环境、家庭环境、自然环境）有关，又与自身主观所为紧密相连。为此，下面从客观和主观两个方面谈谈老年人养生之道。

第一节　要有适宜于老年人健康长寿的客观环境

宋代蒲虔贯在《保生要录·叙》中讲："松有千年之固，雪无一时之坚。若植松于腐壤，不期而蠹；藏雪于阴山，虽累而不消。违其性，则坚者脆；顺其理，则促者长。物情既尔，人理岂殊？然则调摄之术，又可忽乎!"

世间各种物体的坚强、脆弱及其寿命的长短，都受着客观环境的制约，而老年人的健康长寿，焉能例外呢？因此，如果要使老年人健康长寿，需要有一个适宜于健康长寿的客观环境。

所谓客观环境，在这里指的是社会环境、家庭环境和自然环境。

一、从宏观上讲，首先要有个国泰民安的社会环境

1949 年新中国诞生后，特别是党的十一届三中全会以来，我国一直处在国泰民安的大好环境下，所以国人的平均年龄从解放前的 35 岁，迅速增长到 1988 年的近 70 岁。在短暂的 40 年中，人均年龄增长约一倍，这是任何一个神功仙道难以做到的，是任何一种奇方妙药也无此疗效的。如果我们还是处在半封建、半殖民地的时代，外受帝国主义列强的侵略，内有反动统治者的剥削欺压，全国人民处在炮火连天之下，陷于饥寒交迫之中，国人的平均年龄是增是减恐怕还是个未知数。因此，我认为如果要使老年人健康长寿，首先要有现在这样国泰民安的客观社会环境。只有在这样一个安定的环境里，我们才有机会学习、研究健康长寿之道，才能有条件达到健康长寿的目的。

二、从微观上讲，要有一个和睦温馨的家庭环境

《易经》曰："和气致祥，乖气致戾。"又曰："家和则心和，心和则气和，气和则形和。形和则无疾，无疾则不夭。"

清代李庆远在《长生不老诀》中讲："和者，致祥之道，君臣和则国家兴盛，父子和则家宅安乐，兄弟和

则手足提携，夫妇和则闺房静好，朋友和则互相维护。"

家庭和睦，夫妇恩爱是长寿的重要条件。据有关资料介绍，经调查发现，家庭和睦者。男性可增寿12岁，女性可增寿5岁。其原因就在于心理状态的好坏，与人的寿命有着直接关系，因为心情愉快时，能促进机体的新陈代谢和身体内的腺体分泌，使机体各系统功能处于最佳状态，这样无疑对人的健康长寿是十分有益的。

特别是老年人，一天24小时的吃、穿、住、行、玩、乐等大多都在这块小天地里，如果家庭不和睦，妻不贤或夫不善，子不孝或媳不敬，一家人三心二意，整天唇枪舌剑，吵闹不休，过着军阀混战的日子，即使你颐养在蓬莱仙阁，享用着山珍海味，恐怕也难以健康长寿。因为，家庭不和睦，就会造成心情郁闷忧伤，致使体内各腺体分泌失去平衡。进而导致物质代谢紊乱，各器官功能发生障碍（吃不香睡不宁）。从而易于导致高血压、神经衰弱等一系列疾病，多病缠身，焉能长寿。

据山东省老龄委及省统计局撰写的《齐鲁寿星》一书中介绍：以1993年全省百岁老人专题调查为例，在311位百岁寿星中，95%左右的老人都与晚辈子女住在一起，家庭和睦，子女孝敬，生活舒适，使老人充分享受着亲情之爱，天伦之乐。

即便在国泰民安的大好环境下，由于家庭不和而导致提前归天者，也不是罕见之事。

因此，要使老年人健康长寿，需要培育、营造一个和睦温馨的家庭环境。

三、要有景美气新的自然环境

老子认为，人体的生理功能与自然界的变化休戚相关，所以人体必须与自然规律相适应，才能长寿。他说："人法地，地法天，天法道，道法自然。"

这里面主要揭示了客观自然界对人的生长发育、健康长寿有着极大的关系。今天，世界各国特别是一些先进发达之国，越来越重视植树造林、大地绿化、减少空气等的污染、改善饮水资源等一系列环境的改造与保护工作。

人无时无刻不在与天地自然界进行着物质、能量、信息的交换。阴晴的变化，四季寒暑的循环，朝夕晦明的更替，地理区域的燥湿，水、土质量成分的差异，以及日月星辰的变化等，无一不对人体的生理与心理发生着或隐或显，或巨或微的影响。

据有关资料介绍，世界上三大长寿乡（注：厄瓜多尔的比尔卡班巴、巴基斯坦的罕萨、格鲁吉亚的阿布哈吉亚）及我国的高寿区（据有关资料说，我国广西壮族自治区、巴马瑶族自治县居世界长寿之首）的共性中就有：生活安静、环境优美、空气新鲜的自然环境。

另外，据《齐鲁寿星》一书介绍：在山东省311名百岁老人中，菏泽地区就有69名，占全省百岁老人总数的22.5%，居全省之冠。书中说，菏泽地区是一个以农业为主、经济欠发达的地区，1978年前，吃国家救济粮10亿公斤，救济款2亿多元。党的十一届三中全会后，全区农民基本上解决了温饱问题，但与其他市、地相比。差距仍然很大。就是这样一个经济欠发达、医疗卫生条件又不十分好的地方，为什么百岁老人如此之多呢？带着这个问题。省老龄委和省统计局的同志亲赴菏泽调查访问，并在当地召开了由卫生、防疫、环保和气象等部门参加的座谈会。大家认为，菏泽地区百岁老人多，有以下几种因素：第一，有较好的绿色生活环境，菏泽地区大力植树造林，绿化覆盖率达19.8%。据有关资料介绍，绿化覆盖率达到35%的地方，人均寿命在75岁以上。其原因是：树林里面含有负离子，它能随人的呼吸直达肺部，进入血液，促进血液循环，使红血球和血红蛋白增加。加速肌肉内积存乳酸的运输，从而解除疲劳快，并能调解神经系统的兴奋和抑制状态，改善大脑皮质的功能，还具有镇痛、镇静、止咳、降压、利尿等作用，对老年人的冠心病、心绞痛、心肌梗塞都有较好的疗效。树林里不仅有负离子，还能分泌挥发性植物杀菌素，它能杀死病菌，净化空气，减少呼吸道疾病的传染和发生，长期生活在这样一个绿色环境里，当然有益于老年人的健康长寿。第二，清新的空气、良好的水质。菏泽地区工业不发达，工厂少，大型企业更少，因此此地区的废气、废水排放少，所以这里的水质好。农村饮用的地下水大部分是硬水，硬水中镁的含量比软水高4倍，而镁对心脏有保护作用。据国外有关资料介绍，饮水硬度较低的地区，动脉硬化等心血管病死亡率较高。

据有关研究资料介绍，好的自然环境的土壤、食物、饮水中有一个优越的微量元素谱，它具有延缓衰老的作用。

总之，要想使老年人健康长寿，首先要有国泰民安的社会环境，和睦温馨的家庭环境及空气清新、阳光充足、茂林修竹、水土良好的自然环境等。

在客观环境上，我们有要求，但也要去适应，而更重要的应有改造客观环境的能动性。

有了适宜的客观环境，再加上自己的主观努力，就会获得健康长寿的效果。但如果自己不注意养生，客观环境再好，也难以登上寿域。

第二节　老年人要发挥有益于健康长寿的主观能动性

在《黄帝内经·素问》的第一篇"上古天真论"中讲："黄帝问天师曰：余闻上古之人，春秋皆度百岁而动作不衰；今时之人，年半百而动作皆衰者，时世异耶，将人失之耶？岐伯对曰：上古之人，其知道者，法于阴阳，和于术数，食饮有节，起居有常，不妄作劳，故能形与神俱，而尽终其天年，度百岁乃去。今时之人不然也，以酒为浆，以妄为常，醉以入房，以欲竭其精，以好散其真，不知持满，不时御神，务快其心，逆于生乐，起居无节，故半百而衰也。"

其意是，古代的轩辕黄帝问他的大臣岐伯说：我听说上古时候的人，年龄都能超过百岁，动作不显衰老，而现在的人，年龄刚至半百，动作就都衰弱无力了，这是由于时代不同所造成的呢？还是因为今天的人失于养生所造成的呢？岐伯回答说：上古时代的人，那些懂得养生之道的，能够取法于天地阴阳自然变化之理而加以适应，调和养生的方法，使之达到正确的标准。饮食有所节制。作息有一定的规律，既不妄事操劳，又避免过度的房事，所以能够形神俱旺，协调统一，活到天赋的自然年龄，超过百岁才离开人世。现在的人就不这样了，把酒当水浆，滥饮无度，使反常的生活成为习惯，醉酒行房，因恣情纵欲而使阴精竭绝，因满足嗜好而使真气耗散，不知谨慎地保持精气的充满，不善于统驭精神，而专求心志的一时之快，违逆人生乐趣，起居作息，毫无规律，所以到半百就衰老了。

《孔子家语》中讲，哀公问于孔子曰：智者寿乎？仁者寿乎？孔子对曰："然。人有三死而非其命也，己自取也。夫寝处不时，饮食不节，逸劳过度者，疾共杀之；居下位而上干其君，嗜欲无厌而求不止者，刑共杀之；以少犯众，以弱侮强，忿怒不类，动不量力，兵共杀之，此三者，死非命也，人自取之。"

南北朝时的陶弘景在《养性延命录》中讲："人生而命有长短者，非自然也，皆由将身不谨，饮食过差，淫泆无度，忤逆阴阳，魂神不守，精竭命衰，百病萌生，故不终其寿。"

由上可知，早在两千年以前，我们的前贤古圣就已深知，人生寿命的长短不是由天命所决定的，而在很大程度上是由自身之所为造成的。

世界卫生组织根据科学研究曾宣布说，每个人的健康与寿命，60%取决于自己，15%取决于遗传因素，10%取决于社会因素，8%取决于医疗条件，7%取决于气候影响。

那么。在主观上应该如何做呢？是求仙拜佛呢？还是造炉炼丹呢？此已是千年之误，今天焉能重蹈其覆辙呢？如清代康熙皇帝于 1689 年南巡至江宁，有人献炼丹养身秘书一册，康熙对身旁诸医说："凡炼丹修养长生及巫师自谓前知者，皆妄诞不足信，但可欺愚民而矣，通经明理者。断不为其所惑也。"明朝的李梴在《医学入门·保养说》中指出："影响人们寿夭的最基本、最重要的因素。即存在于人们最普通、最广泛的日常生活之中。若能于饮食起居动作之间留心保养，避风寒以保其皮肤六腑，节劳逸以保其筋骨五脏。戒色欲以养精，正思虑以养神，薄滋味以养血，寡言语以养气，就会收到比任何其他方法都更直接而显著的效果。"

所以下面从饮食、睡眠、养心、健体等四个方面讲一下。

一、饮 食

在饮食这一课题中，讲六个问题。

1. 饮食的重要意义与作用

早在千年前宋神宗时，养生家陈直在其《养老奉亲书》中讲："主身者神，养神者精，益精者气，资气者食。食者，生民之天、活人之本也。故饮食进则谷气充，谷气充则气血盛，气血盛，则筋骨强。"唐代著名医学家孙思邈，享年 101 岁，他指出："安身之本，必须于食，不知食宜者，不足以全生。"

饮食是人体从环境中汲取营养、能量的主要途径之一，也是维持生命活动的基本条件之一，当然是老年人健康长寿之物质基础。因此，国内外的历代养生家，都十分重视关于饮食的研究。

2. 饮食什么

饮食什么，首先要看我们人体的生长、发育、健康长寿，即维持生命活动所需要什么营养素。因为，营养素是人体生命活动的物质基础，人从胚胎开始直到生命止息，片刻也离不开营养。如称为六大营养素之一的蛋白质（注：六大营养素为，蛋白质、脂肪、糖、无机盐、维生素和水）。从原始的单细胞到人体的各组织器官，一切有生命的地方都有蛋白质。蛋白质是构成细胞和组织的"建筑材料"，并参与人体内的新陈代谢，维持人体正常的生理功能。在正常情况下，由蛋白质供给的能量约占人体所需总能量的 1 / 10，儿童、青少年及生育期的妇女、病人、体力劳动者等需要量更多。而含蛋白质较丰富的是哪些食物呢？据介绍，有大豆、面粉、肉、鱼、蛋、乳等。由上可知。凡是含有营养人体的食物，都是我们应该饮食的东西。

现代医学和营养学研究证明，纤维素也是人体所必需的营养素之一，所以把它称之为第七营养素。

现代科学证明，纤维素不但是人体所必需，而且它具有预防和舒解便秘、防止大肠癌、控制血糖等功能，并能促进消化液的分泌，有利于营养物质的消化和吸收，还能防治"现代病"，如糖尿病、心脑血管病、恶性肿瘤、肥胖病等（荞麦、玉米、青豆、土豆、薯类、水果、绿叶蔬菜等都含有较多的纤维素）。

含七大营养素的部分食物简表

七大营养素 所含营养素 饮食物	蛋白质	脂肪质	糖	无机盐	维生素	水	纤维素
面粉	✓		✓				
谷物			✓		✓		✓
豆类	✓	✓	✓				
肉类	✓	✓					
鱼	✓						
蛋	✓						
油		✓					
奶	✓				✓	✓	
水果			✓		✓	✓	✓
蔬菜					✓	✓	✓
盐				✓			
水						✓	

总之，经过人类千万年筛选而留传至今的五谷六畜、百果千菜，乃至水陆珍奇，不仅滋味美好，营养丰富，能够满足人体生长发育的需要，而且具有一定药物的性能，从而达到强身祛病、延年益寿的目的。

注：如果有条件时可以适量增补以下食物。

①多吃点营养价值高的蛋白质食物，如奶类、蛋类、鱼类、瘦肉类、豆制品等。

②多吃些含维生素的新鲜蔬菜与水果。

③多吃点含钙、铁的食品，如牛奶、海带、虾皮、

肝、骨质汤等。

④其他高级营养品如蜂蜜、蜂王浆、海参等。

3. 食饮之法

宋代蒲虔贯在《保生要录》中讲："人欲先饥而后食，先渴而后饮，不欲强食强饮也。又不欲先进热食而后随餐冷物，必冷热相攻而为患。凡食，先热食，次温食，方可少餐冷食也。凡食，太热则伤骨，太冷则伤筋。虽热不得灼唇，虽冷不可冻齿。凡食，温胜冷，少胜多，熟胜生，淡胜咸。"

宋代养生家陈直在《养生奉亲书》中讲："其高年之人，真气耗竭，五脏衰弱，全仰饮食以资气血。若生冷无节，饥饱失宜，调亭无度，动成疾患。"又讲："老人之食，大抵宜其温、热、熟、软，忌其黏、硬、生、冷。"

宋代刘词在《混俗颐生录》中讲："食不欲粗及速，速即损气，粗即损脾，脾损即为食劳（五劳七伤之劳）。"

清代太医尤乘在《寿世青编》中讲："饮食之宜，当候饥而进食，食不厌细嚼；仍候喝而饮，饮不厌细呷（虾）。"

综上所述，在饮食方法和时间上应掌握：

（1）要待饥而食，待渴而饮。食不过饱，饮勿过量。

（2）饮食宜温、热、熟、软，忌黏、硬、生、冷。

（3）凡食，温胜冷，少胜多，熟胜生，淡胜咸。

（4）食不宜粗及速，宜细嚼慢咽。

这些都是人们在长期的生活实践中总结出来的宝贵经验，并且，这些经验又被现代科学测定证实是科学的。

如细嚼慢咽，有关材料强调"细嚼慢咽益寿延年"。其理由是：

第一，细嚼慢咽能增加食欲。"味美食欲高"是众所周知的。从生理角度上讲，味觉感受器——味蕾布满舌头表面，细细咀嚼，可使食物的美味与味蕾充分接触，既可充分品尝出食物鲜美的味道，又能促进消化腺的分泌和胃肠的蠕动等，所以可以增加食欲。

第二，细嚼慢咽能促进吸收。食物嚼得越细，越能减轻胃肠的负担，又能与消化液充分混合，对营养的吸收会明显提高。试验表明，细细咀嚼，可使蛋白质的吸收率由72%提高到85%；脂肪由71%提高到83%。

第三，细嚼慢咽可使唾液增多。食物作为一种刺激物能促进唾液腺的分泌，食物在口腔的时间越长，唾液分泌越多。唾液中含有淀粉酶，能把淀粉转化成麦芽糖，以利于下一步的消化。唾液还含有溶菌酶、氧化酶和来自毛细血管的白细胞，它们对细菌有杀灭的作用。使人少患胃肠道疾病。

元朝养生家李鹏飞（医儒，是位大孝子）在《三元延寿参赞书》中，对唾液的作用就有精辟的论述，书云："口中津液是金浆玉醴，能终日不唾，常含而咽之，令人精气留，面目有光泽……溉脏润身，宣通百脉，化养万神，肢节毛发，坚固长春。"

日本营养学家西岗一不久前发布了一项令人欣喜的研究成果，即细嚼慢咽不仅可以防病，还可以防癌。在研究中，他观察到人们咀嚼食物时，分泌出的唾液成分与平时分泌的不同，它能在 20 秒钟内使诱发致癌物（亚硝基化合物、黄曲霉素 B 等）丧失活性。其原因是它含有比平时丰富得多的成分：13 种酶、11 种无机盐、9 种维生素、多种有机酸和激素，其中的 SOD（过氧化物歧化酶）过氧化氢酶和维生素 C 等，具有很强的抗癌效果。而平时分泌的唾液就不含有这么多的可贵成分。

由此他告诉人们："咀嚼是人人都具有的能力，是人人都具有的一件防癌利器，但遗憾的是很多人喜欢狼吞虎咽，或边走路边吃、边做事边吃等。"

第四，细嚼慢咽有益于牙齿的牢固。细嚼时可对牙齿和牙龈产生较多的摩擦，从而促使该部的血液循环，延缓其组织的衰老，提高其咀嚼的功能。

4. 饮食之忌

世上任何事物都是一分为二的。庄子曰："福兮祸所伏。"上面谈到"人以食为天"，但如果你不讲卫生、不讲科学而乱食狂饮，其食则为人之患了。

唐朝名医孙思邈在他的《摄养枕中方》中讲："夫万病横生，年命横夭，多由饮食之患。饮食之患，过于声色。声色可绝之逾年，饮食不可废于一日。为益既广，为患亦深。"

宋代陈直在《养老奉亲书》中讲："尊年之人，不可顿饱，若顿令饱食，则多伤满，缘衰老人肠胃虚薄，不能消纳。故成疾患，为人子者，深宜体悉。此养老人之大要也。"

宋朝蒲虔贯在《保生要录》中讲："凡所好之物，

不可偏耽，偏耽则伤而生疾；所恶之物，不可全弃，全弃则藏气不均（如全不食苦，则心气虚，全不食咸，则肾气弱是也）。"

老年人忌偏食，因偏食易导致全面营养的失调。如有些老年人不吃牛奶、鸡蛋、肉类等，只吃素食，就易于使其体内各种营养素失去平衡，从而导致过于消瘦、贫血、脱钙等营养不良现象的出现。

老年人饱食，则弊病更多。过饱之后，首先使胃的负担加重，导致消化不良，引起胃痛、腹胀、呕吐，严重者导致急性胃炎、肠炎、胰腺炎、胃穿孔等。其二，饱食对于冠心病患者来说，几乎是重型炮弹，可激发患者发生心绞痛与心肌梗塞，甚至能引起心室颤动而死亡。尤其是在晚上，吃过多的油腻食物，血中脂肪量猛然升高，可超过素食人的 2.5 倍。同时，入睡时人的血流速度明显减慢，血中的这些脂肪就会大量地在血管壁上沉着，极易引起动脉硬化与冠心病。所以现在有些人提倡早餐吃饱，中餐吃好，晚餐吃少。

要严禁饮食一些久存而将要发霉变质的剩余饭菜。我们这一代人，几十年的低工资，养成了过穷日子的习惯，这也不肯舍，那也不愿丢，吃了不疼舍了疼的观念根深蒂固。但千万不要因小失大，否则，万一误食得病，花大钱受苦罪就得不偿失了。特别我们已迈入了老年期，机体功能下降，抵抗力差，所以，一定要把好"病从口入"这一关。

5. 长寿地区的饮食情况

据一些资料报道，世界上长寿区的老人膳食各有特点。

我国广西巴马县，80岁以上的老人多以玉米为主食，辅以各种豆类、红薯、大米、野果等。

厄瓜多尔的比尔卡班区的长寿老人，一般食用牛奶、羊奶、土豆、西红柿、水果及小麦面粉。

格鲁吉亚的居民最常吃的是玉米、酸奶、红辣椒及各种蔬菜、水果等，还常吃蜂蜜、核桃，吃少量的羊肉。

日本的老年病医学总会经调查提出，少吃大米，多吃鱼、肉、豆、蛋，少吃油腻，多吃新鲜蔬菜，每天一杯牛奶，常吃海带。

6. 关于饮酒问题

《医方类聚》中讲："酒者，五谷之津液，米曲之华英，虽能益人，亦能损人，何者？酒有大热大毒。大寒凝海。惟酒不冰，是其热也；饮之易昏易人本性，是其毒也。若避风寒、宣血脉、消邪气、引药势，无过于酒也。若醉饮过度，盆倾斗量，毒气攻心，穿肠腐胁，神昏志谬，目不识人，此则丧生之本也。"

近年来许多研究表明，适量饮酒有益于老年人健康长寿。因为适量饮酒可增加高密度脂蛋白的含量，从而防止心脏病，减少动脉壁内胆固醇的积累。

饮酒不能过量，像宋朝一首打油诗所描写的那样"不知身是人，不知人是身，只知身与人，与天都未分"的醺醉状态。传说大诗人李白因嗜酒中毒，仅活了62岁，并害了他四个儿子，造成大呆、二傻、三痴、四愚。

所以，饮酒要适量。

二、睡　眠

1. 睡眠的意义和作用

清朝李渔在《闲情偶寄》中讲："予讯益寿之功，何物称最？天地生人以时，动之者半，息之者半，动则旦而息则暮也……若是养生之诀，当以善睡居先，睡能还精，睡能养气，睡能健脾益胃，睡能强骨壮筋……睡能防病医病。如：患疾之人，久而不寐，则病势日增，偶一沉酣，则其醒也必有由然勃然之势。是睡非睡也，药也。非疗一疾之药，乃治百病，救万民，无试不验之神药也。"

故前人有睡诗云："花竹幽窗午梦长，此中与世暂相忘，华山处士如容见，不觅仙方觅睡方。"

从生理学上讲，睡眠是一个重要的生理现象。睡眠发生的机制有很多说法，但从根本上看，它是由大脑皮质发生了广泛的抑制所引起的。巴甫洛夫认为，大脑皮质所产生的任何一种抑制过程，只要广泛地扩散，而又无兴奋过程相对抗，就会产生睡眠抑制。睡眠对大脑皮质细胞是一种保护作用。皮质细胞非常敏感和脆弱，容易因长期兴奋而产生损耗，所以，睡眠能防止大脑皮质细胞过度消耗，同时还能促进人体器官功能的恢复。

睡眠还是人体休息、解除各组织疲劳的最重要的方式方法。科学家指出："长期睡眠不足会引起判断力减弱、思维迟钝、协调性差，并易引发各种事故，造成人体伤害。从心理学的角度讲，睡眠不足时，可造成人的心理疲乏感，致使情绪发生不良改变以及某些行为发生异常，从而引起焦虑、忧郁、急躁等反应，甚至能诱发有精神病史的人患精神病。长期睡眠不足在生理上可造成食欲减退、消化不良、免疫功能下降，并可引发或加重失眠症、神经官能症、溃疡病、高血压、糖尿病、脑血管病等。所以，长期睡眠不足，可以诱发各种病症。

医学研究发现，人体有一种很特殊的现象，体内的生长激素和肾上腺皮质激素只有在人进入睡眠状态后才可较好地产生，它既能促进青少年生长发育，又能使中老年人延缓衰老。但如果因睡眠不足，则可导致激素规律失衡，机体控制失常，直接有损于人的健康长寿。

2. 睡眠的时间

在人的一生中，大约有三分之一的时间用于睡眠。各人每天睡眠所需要的时间，随年龄的增长而有所不同，当然个别的也有差异。新生幼儿需 18~20 小时，成长中的儿童需 12~14 小时，成年人需要 7~9 小时，老年人需 5~7 小时。

最近，美国某大学教授对老年人的睡眠问题提出了一个新的观点，即老年人不要把觉少、失眠当成负担，应把睡眠少看成是生理现象。研究表明：第一，人的睡眠并不是越多越好，一般每天 6~8 小时即可满足，而老年人所需要的时间更少，夜间睡 5 小时就足够了。中午再睡 1 小时左右。第二，多数老年人的失眠是心理因素造成的。长时间卧床，追求延长睡眠时间，反而会加重焦虑反应，促成心理障碍，形成恶性循环而加重失眠。应早晨醒后则起床，不要计较睡时长短，这样易于消除心理负担。

3. 睡眠的姿势

睡眠的姿势有仰卧、俯卧、左侧卧、右侧卧四种。究竟哪一种睡姿有利于睡眠，有利于休息，有利于健康，自古就有争议。如清朝的养生家曹廷栋在《老老恒言》的安寝中讲"寝不尸"，他不主张仰卧睡眠，同时又不同意释迦牟尼只许右侧卧（释迦戒律，卧惟右侧，不得转动，名谓吉祥睡）的睡眠办法，而认为在睡不安或睡间醒时，转动转动身子，换换姿势，则更有益于老年人。有人调查，一般正常人仰卧睡占60%，侧卧睡占35%，俯卧睡占5%，并且，大多都不是用一种姿势到天明，而是调换多次。有学者讲，人在5~7小时的整个睡眠过程中，体位变动20~60次。科学家认为，睡眠时辗转反侧有助于抑制过程在大脑皮质的广泛扩散，如果睡眠中的辗转反侧不足，醒来后还会有疲劳的感觉。但究竟用哪种姿势睡眠好，这要根据每个人的身体状况和习惯，你认为用哪种姿势入眠快、睡得自然、放松、舒适，就用哪一种。

但对患有某些疾病的老年人来说，根据其病情选用适宜的睡眠姿势则是十分必要的。如患有心脏病的人，宜采用右侧卧姿。因心脏居于偏左，取右侧卧，可减轻心脏受压，减轻心脏负担。患有肝脏病的人，也宜用右侧卧的睡姿，因为肝在右侧，睡时右侧处于低位，可使肝脏供血充足，有利于肝组织病变的恢复。打呼噜的人，不宜用仰卧睡姿，因为仰卧时，舌根和"悬雍垂"

第二章 漫谈老年人的养生之道

下坠，通气道受阻，增大鼾声，损伤组织（鼾声如雷）。有资料介绍，为了降低脑血栓的发病率，应提倡患者采用仰卧睡眠。但仰卧睡眠时，不可把手放在胸上，以免产生压迫感，甚至引起噩梦。

4. 入眠的方法

清代慈山居士在《安寝篇》中讲，养生家曰："先睡心、后睡目……愚谓寐有操纵二法：操者，如贯想头顶，默数鼻息，返观丹田之类，使心有所着，乃不纷驰，庶可获寐；纵者，任其心游思于杳渺无朕之区，亦可渐入朦胧之境。最忌者，心欲求寐，则寐不成。"

5. 关于午睡

为了减轻体力不必要的消耗，增强精神活力，每天若能午睡片刻，消除身心疲劳，使生活有张有弛地富有节律化，对老年人来说更有好处。有学者指出：在地中海沿岸诸国的居民，冠心病率之所以很低，其因之一，是由于他们长期坚持午睡，据对百名心脏病患者以及相应数量的对照组的观察表明，每天午睡 30 分钟，可使冠心病发生率减少 30%。英国科学家对午睡的长远效果进行了深入的探讨，他们乐观地认为，坚持午睡半小时以上，能使人的冠状动脉得到休息，从而减少心脏病发作的可能。如果午睡时间再长一些，则冠心病的发生率会更低。

午睡时间在 1 小时左右为宜。太长会使大脑抑制状态逐渐加深，人便会感到不舒服、头脑沉重、全身乏困、意识模糊等。

6. 老年人睡醒后不宜立即起床

近年来，国外医学家对老年人发生中风的时间进行的调查结果发现，上午 8~9 点是发生中风的高峰，中午时降低，而午后 3~4 点又是一个较小的高峰，凌晨 1~4 点为低谷，发生率仅为上午的 1/12。

为什么老年人中风多发生在睡觉醒来之后呢？其因是，老年人的机体逐渐衰退，血管壁硬化，弹性减弱。当从睡眠时卧位变为起床后的站位，由静态转为动态，血液动力发生突然改变，其生理功能不能很好调节，造成血压急剧起伏，就容易导致老化的脑血管破裂，血液外溢。此外，早晨起床以后，血液中血小板比睡眠时增加，使血液凝固作用亢进，也增加脑血栓发生的可能。所以老年人睡醒后不宜马上下床行走，应在床上躺卧片刻，用手沐浴下头、面、耳、臂等，再坐起穿衣，以免血压骤变而发生不测。

7. 晚上睡前应重视做好的几件事

（1）刷牙。睡前刷牙比早起刷牙更重要，它不仅可清除口腔和牙齿的残留积物，有利于保护牙齿，并对安稳入睡也有帮助。

（2）饮水。少量饮用白开水（不能饮茶水和咖啡等带有兴奋性的饮料）或牛奶，能帮助安静睡眠。

（3）洗脚。用温水洗脚，有助血液循环，起到消除疲劳和促使入眠的作用等。

（4）放松身体。睡前轻微地做一下颈部、躯干及四肢的放松动作，使全身各部的肌肉、关节等放松，有助于入眠熟睡。

（5）开窗换气。封闭较严的居室，每天至少要在早、午、晚时进行三次通风换气，特别是晚上，开窗放进新鲜空气，是大有益于老年人睡得香甜和健康长寿的。

据有关资料介绍，清洁新鲜的空气中，氧气占20.95%，二氧化碳占 0.4%。我们人体吸入这样的空气，感觉舒畅清爽，有利于身心健康。人在安静时每分钟吸入 300 毫升氧气，呼出 250 毫升二氧化碳。如果门窗紧闭，室内空气不流通，就易使室内空气污浊。经测定，在一个 10 平方米的房间里，如果门窗紧闭，让三个人在室内看书，3 个小时后房间温度上升 1.8 度，二氧化碳增加 3 倍，细菌量增加 2 倍，氨的浓度增加 2 倍，灰尘数量增加近 9 倍，还发现 20 余种其他物质。难怪清晨锻炼后从外面进入寝室，就会感觉空气污浊，若长时间吸入这样的污浊空气，对身体是十分不利的。一般每天夜间都在 10 个小时左右，其空气污浊的程度就可想而知了。

三、养　心

此处所指的"心"有两个概念：一是指在人体中推动血液循环的心脏；一是指思想的器官——大脑和思想、情感等。

明代名医李梴在《医学入门·心脏》一书中讲："心者，一身之主，君主之官。有血肉之心，形如未开莲花，居肺下肝上是也。有神明之心，神者，气血所化，生之本也。"

在心的重要意义和巨大功能方面，清代官居太医的尤乘在其《养心篇》中讲得就更全面、更具体了，他说："夫心者，万法之宗，一身之主，生死之本，善恶之源，与天地而通，为神明之主宰，而病否之所系。"

明代养生家瞿佑在《居家宜忌》中讲："养生之法，以养心为主，心不病则神不病，神不病则人不病。"

我国历代的养生家都把"养心"放在极其重要的地位。

从现时的事实来看，人们都因心、脑不佳而导致体弱多病及与世长辞的比比皆是。

但是，我们如何来保养这颗"一身之主，万法之宗，生死之本，善恶之源，病否所系"的"心"呢？对此问题，不论是我国传统养生的经验，还是现代老年医学保健的实践验证，都一致认为节制嗜欲、调理情感、豁达乐观、壮志进取等，是养心的有效良方。

1. 节欲

早在我国的《黄帝经》中就有"人有害曰欲，曰不知足"的记载。意思是，人生活中的最大祸害，在于贪欲之心。贪欲之心欲烈，人们就愈容易不知足。不知足，则导致祸灾。

早在战国时代的思想家孟子曰："养心莫善于寡欲。寡欲者，节之也。非若佛老之徒，弃人伦，灭生理也。"即不要像有些教徒那样不要妻室儿女，而去拜佛，妄想成仙。

宋代的养生家林甫在《省心录》中讲："功名、官爵、货财、声色，皆为之欲，俱可以杀身。"或问之曰："欲可去乎？"曰："不可。饥者欲食，寒者欲衣，无后者欲子孙。反是，甘于自杀也。"欲不可绝，更不可纵。

在明代的《无字真经·养真篇》中有："名利杀人，甚于戈矛"的记载，说："名为造物之深忌，利是人情之所必争。故名利杀人，甚于戈矛。何也？戈矛杀人，人知避之；名利杀人，死而不悔。故自古，人心国法，多为利所害。天下有大害，藏于大利之中，而人不知；非不知也，为利所昏也。"

"欲"是动物生存的一种念头、愿望。凡是人，都有"欲"，有欲之心并没错，其关键是应"节欲"，而不可"纵欲"，否则，名利、声色、货财等欲心太强而放纵，则易于误国、害民、败家、丧身。

从我国的历史上看，如暴虐无道的夏桀、贪婪凶残的商纣、乱伦丧生的齐襄公及荒淫昏庸的汉武帝等，哪个不是因声色权势之欲心太强而误国呢？又有多少帝王不是因为酒烂、色迷、荒淫无度而早夭呢？据资料介绍，我国从秦汉至明清的封建时代（公元前221年至清末1911年共2132年），各朝代有生卒年可查的皇帝共有209人，其中寿命不足20岁者31人，20~29岁的34人，30~39岁的48人，40~49岁的29人，50~59岁的35人，60~69岁的24人，70~79岁的4人，活到80岁以上者仅有4人。在这209位皇帝中，寿过古稀之年的仅有8人，只占4%，未过半百而驾崩者就有142人，占68%，其平均年龄仅有39岁。一国之帝王，权无限，地无边，财无数，食无量，行也坐，事也闲。官宦不离左右，歌色充满宫院。穿的是珍裘锦秀、佩的是珠宝金银，饮的是参汤美酒，吃的是山珍海味，实可谓享尽了人间的荣华富贵，但却不得天年，实为其纵欲所致。

在当今，一伙贪污腐败分子及一帮目无国法的囚犯，有几个不是因为欲心过胜而走上犯罪道路或被押上丧命台的呢？

由此可知，从古至今，从掌管国家的帝王到一般的平民百姓，凡是纵欲者大多都是轻者伤身，重者亡命。所以，我们老年人要想健康长寿，必须首先要节欲。

我们如何节欲呢？古人有论。

战国时代杰出的哲学家庄子主张"少私、寡欲、清静"的养生之道。他认为："人欲不可绝，也不可纵。纵欲必闯大祸。"故，古人有"少私、寡欲、清静为天下正"的教诲。一个人如果少淫欲，就不至于欺男霸女；节物欲，就不会抢财害命；寡命欲，就不会投机钻营、卖身投靠。只有做到知其荣、守其辱、安其分、图其志的人，才能称得上大丈夫。"私"为万恶之源，百病之根。一个人，如果私心缠身，必定斤斤计较，患得患失，鬼迷心窍，日夜不得安，必然导致形劳心亏，积累成疾。只有大公无私，克己奉公，心地坦荡，才能长寿。

汉代华佗传授的《太上老君养生诀》中讲："……夫善摄生者，要当先除六害，然后可以保性命，延驻百年。何者是也？一者薄名利，二者禁声色，三者廉货财，四者捐滋味，五者除佞妄，六者去妒嫉，去此六害者，则修生之道无不成耳。若此六害不除，盖未见其益，虽心希妙理，口念真经，咀嚼英华，呼吸景象，亦不能补其短促。"

俗话说，人都是"赤身而来，空手而去"。我们又是步入了老年阶段，度过了半个多世纪的人生生活，饱尝了世间的一切酸甜苦辣，还有何欲值得再以老命去追逐呢？即使有金山银库在等，又能拥有几时，又可延命几日呢？同时，金钱、财富对儿孙来说，并不都是财源福地，有的不少成为埋葬其才华、腐蚀其意志品质的剧毒剂，败家子弟多出在富豪之家。因此，我们应该大公无私，克己奉公，去除六害，以便达到健康长寿的目的。

绝不做"以随侯之珠，弹千仞之雀，世必笑之"之事。

2. 理情

上面已讲过，人有七情六欲，欲要节，而情也必须用理智去控制去调理。

所谓喜、怒、忧、思、悲、恐、惊之七情，是人由人体自身或客观事物所引起的精神情态变化的七种表现形式。这些精神情态变化，如果是强烈和持久的，则可成为致病因素。

对此问题，我国明朝的冯时可在《上池杂说》中讲："百病起于情，情轻病亦轻。"

清代的费伯雄在《医醇賸义》中也讲过，他说："盖七情者，七情偏胜之伤也。夫喜、怒、忧、思、悲、恐、惊，人人共有之境。若当喜而喜，当怒而怒，当忧而忧，尚何伤之有？惟未事而先意将迎，既去而尚多留恋，则无时不在喜怒忧思之景中，而此心无复有坦荡之日，虽欲不伤，庸可得乎？"

所谓喜伤心、怒伤肝，忧伤肺，思伤脾，恐伤肾（恐同惊、忧同悲）等，皆由此而得也。

狂怒伤身众所周知，而暴喜的危害则未能引起人们的重视。经研究证明，喜与怒一样，都是大脑皮质的兴奋、抑制过程所处的状态。祖国医学把"喜"列为"七情"之首，指出"喜伤心""怒伤肝""喜怒伤气"。

现代医学认为：当人们大笑时如同盛怒一样，交感神经系统兴奋，体内肾上腺素等分泌量大增，引起全身血管收缩，心率加快，血压和血糖上升。特别是老年人，或身患高血压、冠心病、动脉硬化等疾病的人，情绪过于激动时，容易诱发脑溢血、心肌梗塞而猝死。有位著名的心理学家认为，引起死亡的不是快乐，而是一种突如其来的冲击，这种冲击在一般健康人的身上本应引起快乐的事，而在身体不正常的人身上却产生了特殊病理状态，由此导致了死亡。

在七情之中，最忌的是怒。

清代的曹庭栋在《老老恒言》中讲："人藉气以充身，故平日在乎善养。所忌最是怒。怒心一发，则气逆而不顺，窒而不舒，伤我气，即足以伤我身。老年人虽事值可怒，当思事与身孰重。"

老年人由于生气特别是暴怒而猝死的事例并不鲜见，人们俗称为"气死"。为什么老年人容易气死呢？因为，人进入老年期后，机体的各种组织器官日趋老化，其功能逐渐减弱，不论是对外界事物强烈的刺激，还是自身骤然的变化而引起的不正常心态情绪，都会损害身心健康，且轻则病，重则亡。再加上有不少老年人

第二章　漫谈老年人的养生之道

都不同程度地患有冠状动脉硬化性心脏病、其他器质性疾病、高血压、脑动脉硬化等。在心平气和的正常生活时尚可维持，一旦生气特别是暴怒时，大脑皮质高度兴奋，体内支配血管进行收缩的交感神经也处于兴奋状态，就会使全身血管发生收缩，血压增高，心率加快，心肌耗氧量增加，心脏负荷加重。这样，在原来患病的基础上，将使病情突然加重，诱发脑出血、急性心肌梗塞、心脏大面积出血、产生严重心律失常等，从而发生突然死亡。所以，老年人特别是患有高血压及各种器质性心脏病者，在平时生活中一定要看得远、想得开、心宽气和，尽可能做到情绪稳定，心情愉快，不生气，更不大怒。

千万不要像诗中描述的那样："君不见：'大怒冲天贯斗牛，擎拳嚼齿怒双眸。兵戈水火亦不怕，暗伤性命不知悟。'"

另外，为什么怒会伤肝呢？

现代医学认为，当人生气发怒时，由于气大会影响血液循环，尤其是会使肝静脉出现循环障碍，血液回流受阻，甚至发生肝内淤血。这种淤血，首先发生于中央静脉，时间一长，会使肝细胞萎缩，肝功能减退，乃至危及生命。

美国精神健康研究中心的最新研究表明，与心脏病密切相关的正是 A 型人中普遍存在的易怒问题。都克大学的学者说：许多年来，成千上万次研究都揭示了怒气与心脏病的相关性，并说：世界上有 15%~20% 的人经常生气，这些人在 50 岁之前命归西天的危险性，是其他人的 5~7 倍。

那么，我们如何进行"理情"，特别是避免或者是减轻大喜及盛怒呢？在此问题上，古今皆有所论。

清朝的徐文弼引《虚斋语录》曰："世间一大戏场，离合悲欢要看假些，功名富贵要看淡些，颠连困苦要看平常些，时势热闹要看冷落些。若当真，当顺境时则心荡气扬，当逆境时则情伤魄丧，到得锣鼓一歇，酒阑人散，漏尽钟鸣，众角色一齐下场，那时谁苦谁乐。"

德国的大哲学家康德说："生气，是拿别人的错误惩罚自己。"

明代的高濂在《清修妙论笺上》中记载有制怒容人《书》曰："必有容，德乃大；必有忍，乃济。"君子立心，未有不成于容忍而败于不容忍也。容则能恕人，忍则能耐事。一毫之拂，即勃然而怒，一事之违，即愤然而发，是无涵养之力、薄福之人也。是故大丈夫当容人，不可为人容；当制欲，不可为欲制。"

清代沈金鳌讲："治怒为难，惟克己可以制怒，此圣贤治怒之法也。"

明代的来之得讲："人之七情，惟怒难制，制怒之药，忍为妙剂。"

在《张百忍全书》上载有"百忍歌"，歌曰："百忍歌，歌百忍，忍是大人之气量，忍是君子之根本。能忍夏不热，能忍冬不冷，能忍贫亦乐，能忍寿亦永。贵不忍则倾，富不忍则损。不忍小事变大事，不忍善事终成恨。父子不忍失慈孝，兄弟不忍失敬爱，朋友不忍失义气，夫妇不忍多争竞。刘令败了名，只为酒不忍；陈灵灭了国，只为色不忍；石崇破了家，只为财不忍；项羽送了命，只为气不忍。如今犯罪人，都是不知忍，古来创业人，谁个不是忍？"

注：当然，也有人主张发泄。

现代有人提出"老年人制怒六法"：

（1）转移法。生气时去散步、逛公园、看电视等让思想转移。

（2）忘却法。想办法忘掉发怒的根源。

（3）对比法。拿处境比自己差的人来比。

（4）想象法。自我安慰，姿态要高，心胸宽大等。

（5）吐露法。找知己倾吐一下。

（6）避免法。遇有可能引起恼怒的事，尽量躲开。

3. 修德

在我国传统的养生中，早就提出了"养生必先修德，大德必得其寿"的理论。

早在春秋时期，孔老夫子在《中庸》中就指出："大德必得其寿。"又说："仁者寿。"

汉代的荀悦在《申鉴·俗嫌》一书中，将仁者能长寿的道理进行阐述，书曰："仁者，内不伤性，外不伤物，上不违天，下不违人，处正居中，形神以和，故咎征不至，而休嘉集之，寿之术也。"

宋代养生家马自然主张："修身德为本，养性善为先。"他认为，红日有升有落，青山有变有迁，人则有生有死，这是自然规律，不必寻求长生不老之药。欲想长寿，最好的办法就是排除杂念，积德行善多为百姓做好事。无论干什么事，都要讲道德，有仁义，不要被酒色、金钱、名利所诱惑，这样可使心静气和，正大光明，何愁不长寿呢？"

清代尤乘在《修养余言》中讲："保养之道无他，在于平日饮食男女之间能自节爱，即是省身修德……若有德者，虽处幽暗，不敢为非，虽居荣禄，不敢为恶。量体而衣，随分而食，虽富贵不敢恣欲，虽贫贱不敢强求。是以，外无残暴，内无疾病也。盖心内澄则真神守其位，气内定则邪秽去其身。行欺诈则神昏，行争竞则神沮。轻侮于人必减算，杀害于物必伤年。行一善则神魂欢，作一恶则心气乱。人能宽泰自居、恬淡自守，则形神安静，灾病不生，福寿永昌，由兹伊始。"

明代的罗洪先为劝公门人积德还作了首诗。诗曰：

"身在公门好积功，莫施巧计害贫穷。
炉中有火休添炭，雪里生寒莫助风。
船到江心牢把舵，箭安弦上慢开弓。
当权若不行方便，念尽弥陀总是空。"

时至今天，世界卫生组织也认识到道德修养对健康的重大作用，并把道德修养纳入了健康范畴。其内容有：不以损害他人利益来满足自己的需要，能按照社会认可的准则约束自己及支配自己的思想和行为等。

国内外的一些养生专家、学者，通过调查、测试等各种手段，也证实了我国古圣先贤们"大德得大寿"的立论是正确的。

有资料介绍，按现代的医学观点看，大德即道德高尚，包括仁爱之心、与人为善、利他主义等。这种仁爱之心，可以驱逐烦恼，使人心情愉快，与人为善，免除一切敌意，又使人身心放松，增进食欲，减少疲劳。这种高尚的心理素质，还能兴奋人体免疫系统的功能，促

第二章　漫谈老年人的养生之道

进机体分泌一些有益于健康的酶、激素和某些神经递质（如乙酰胆碱），使人体各组织器官的功能调整到最佳状态，能有效地抵抗各种不良刺激和致病因素，进而预防疾病，促进健康，延缓衰老。

在哈佛大学，心理学家给学生看一部妇女在印度帮助病人和穷人的电影，接着对学生的唾液进行分析，发现其中抗呼吸道传染病的抗体——A 种免疫球蛋白有所增加。这说明品德高尚、乐于助人的心理素质能增加人的抵抗力，而嫉妒心理则有损健康，导致失眠、头痛、头晕、食欲减退，烦躁易怒等症状，同时降低人的免疫力，使人容易罹患一些心身疾病，如冠心病、高血压、消化性溃疡、糖尿病甚至癌症。因为，嫉妒人的人，遭受的痛苦往往更大，这是由于他自己的不如意和别人的幸福都使他痛苦万分，这种心境会损害他的健康，缩短他的寿命。

所以，人们常常咒骂那些说谎造谣、不仁不义、擅耍权术、惯用诡计、弄虚作假、欺上压下、心毒手狠、贪赃枉法、品质恶劣、道德败坏、满口仁义但一肚子坏水的奸佞贼子是"短命鬼"。

心理学研究表明，常做坏事确实损害健康、影响寿命。在此问题上，美国著名心血管专家威廉斯博士从 1958 年开始，对 225 名医科大学的学生进行跟踪观察，经过 25 年跟踪，发现其中敌视情绪强或较强的人，死亡率高达 14%，而性格随和的人死亡率仅为 2.5%。更有趣的是，这批人中的心脏病患者，恶人所占比例竟是善人的 5 倍。另据最近消息，美国科研人员对 2700 多人进行为期 14 年的调查发现，人际关系处理得好，随时为他人做点好事的人，有益于延年益寿，而孤独寂寞的人死亡率比前者高出 2.5 倍。其原因是，缺乏道德修养的人，特别是被名利枷锁"锁住"的人，遇事常斤斤计较，既要算计别人又要防备别人暗算或报复自己，于是他终日陷入紧张、愤怒和沮丧的情绪状态之中，大脑没有一时之安静。在这种不良情绪的影响下，体内各系统的功能活动失调，免疫功能下降，则易于患各种疾病。

我们绝大多数的老同志，不论是在枪林弹雨的战争年代，还是在建设新中国的和平时期，在党的领导下为祖国为人民艰苦奋斗、辛勤劳动、出力流汗，做了很多工作，立了大功，全国人民都看在眼里，记在心上，后人不会忘记。但，生命不息、积德不止。所以，今后我们要继续行善积德，为党为人民多办好事，才能使我们"寿比南山"，永葆青春。

4. 乐观

明代的吕坤在《伦理》中记有"乐观者寿"。书曰："人心喜则志意畅达，饮食多进而不伤，血气冲和而不郁，自然无病而体充身健，安得不寿？"

我国名医陈先生在其《乐天长寿辞》中讲："心理卫生，近代渐盛，养性修身，早垂古训。人生疾病，外因易防，七情六欲，内贼难当。愤怒烦恼、抑郁悲哀、神明内疚、百病之阶。健康要道，端在正心。喜怒不萦于胸襟，荣辱不扰乎方寸，纵遇不治之疾，自有回天之功。毋虑毋忧，即是长生圣药。常开笑口，便是祛病良方。养生只此真诠，长寿无他奥秘。昔时七十已称稀，今后百龄不足奇。随遇而安，无往不乐。优哉游哉，同登寿域。"

革命导师马克思说："一种美好的心情，比十副良药更能解除生理上的疲惫和痛楚。"伟大的生物学家巴甫洛夫也曾经说过："愉快可以使你对生命的每一跳动，对于生活的每一印象易于感受，不管躯体和精神上的愉快都是如此，可以使身体发展，身体强健。"

古今中外的无数事例证明，乐观的情绪、开朗的性格，与健康长寿有很大的关系、世界上的长寿老人，绝大多数都是性格爽快豁达的乐观者。

为什么精神乐观，有利于老年人健康长寿呢？

俗话说："笑一笑，十年少；愁一愁，白了头。"经现代医学研究证明，良好的情绪是维持人体生理机能正常的前提。情绪的变化，必定伴随着血液化学成分的一定变化，使某些生物活性物质排放到血液中的数量显著增加。例如，当一个人感到恐惧、忧伤和悲观失望的时候，血液中会出现过多的肾上腺皮质激素。如果情绪长期处于恶劣的状态，那么，过多的肾上腺素和其他活性物质就必然导致一系列生理功能的恶化。这正是近年来神经官能症、冠心病、高血压、癌症，以及一系列的消化系统、内分泌疾病发病率不断增高的原因。如果思想乐观、情绪良好，人体内各器官系统的活动能力就协调一致，肾上腺素也分泌适量，整个内分泌系统和体内化学物质将处于稳定的平衡状态，增强机体的免疫力，延缓衰老进程，而且有益于大脑皮质和神经的协调，消除心身疲劳，振奋精神，减慢大脑的老化。

既然"乐观"能有益于老年人的健康长寿，我们就要培养和加强乐观精神去争取健康长寿。

我估计，老同志绝大多数都是乐观的。因为，从大的形势上讲，我国是处在改革开放、奋发图强、经济发展、国泰民安的大好形势下。从个人的现状上讲，是处在功成名就、子大家宁、心静体闲、适时养生、随心所欲、量力而行、人生金秋、其乐无穷的时期。当然，可能有一部分老同志由于某种因素的影响，也不是时时乐观，事事乐观。俗话说"都有一本难念的经"嘛。

假若由于主观原因或客观事物的干扰，使得心情乐不起来怎么办呢？

给大家介绍三种办法。

第一，我们要知足、知福。常言说"知足常乐"，否则，就永远得不到轻松、清静、快乐之时。在知福这一问题上，当然还存在这样、那样的问题和不足，但纵观我国的历史，三皇五帝，盛唐康熙，哪朝哪代能跟得上我们现在全国人民生活的水平，乾隆皇帝也没享受到现在的电器化、自动化等。所以，我们要知足，更要身在福中要知福，知足才知福，知福才知足，知足知福，乐自至矣。

第二，效法古人的寻乐妙法。如清代的沈复在《养生记道》中有："比上不足，比下有余。"此最是寻乐妙法也。"将啼饥者比，则得饱自乐；将号寒者比，则得暖自乐；将劳役者比，则优闲自乐；将疾病者比，则健康自乐；将祸患者比，则平安自乐；将死亡者比，则生存自乐。"

白乐天诗有云：

> 蜗牛角内争何事，石火光中寄此身。
>
> 随富随贫皆欢喜，不开笑口是痴人。

明代的唐寅在《唐伯虎全集》中记有一首感怀诗：

> 不炼金丹不坐禅，饥来吃饭倦来眠。
>
> 生涯画笔兼诗笔，踪迹花边与柳边。
>
> 镜里形骸春共老，灯前夫妇月同圆；
>
> 万场快乐千场醉，世上闲人地上仙。

宋代的邵雍有一首诗题为"人生一世吟"，诗曰：

> 前有亿万年，后有亿万年，
>
> 中间一百年，做得几何事！
>
> 又况人之寿，几人能百岁？
>
> 如何不欢喜，强自生憔悴！

我国南宋诗人陆游，备受投降派秦桧等人的排挤，一生坎坷，66岁退居山阴，但他表现为乐观，有诗为证：

> 不识如何唤作愁，东阡南陌且闲游。
>
> 儿童共道先生醉，折得黄花插满头。

第三，自乐法。国泰民安乐、家庭和睦乐、子孙绕膝乐、探亲访友乐、师生欢聚乐、同事谈心乐、读书习字乐、吟诗赏画乐、养花玩鸟乐、吹拉弹唱乐、登山游水乐、对垒麻将乐、贺年过节乐、过生祝寿乐、说古道今乐、言内拉外乐、健身练体乐、清心养神乐、吃也乐、喝也乐、劳也乐、逸也乐、天也乐、地也乐……总之，只要有远大的目光，宽广的胸怀，正确的思想，乐观的精神，世上虽有多种愁，人间还是乐事多。

所以，我们应以远大的目光、宽广的胸怀，去寻找有益于乐观的事物，使之陶冶乐观的思想情绪，达到养心延年的目的。

5. 进取

据有关资料介绍，长寿者往往有一个特征，即具有"进取心"。

著名画家齐白石 90 余岁还在创作；著名气象学家竺可桢 70 多岁时开始写《中国近五千年来气候变迁的初步研究》，83 岁完成，引起学术界的广泛重视；全国人大副委员长廖仲恺的夫人何香凝，60 岁开始学画，持之以恒，造诣很深，终年 97 岁；美国的海门威女士，60 岁退休，92 岁又开始为报刊写文章，100 岁时仍坚持为某报写专栏。总之，古今中外从专家学者到一般的普通劳动者，此种例子繁多，举不胜举。

但是，有进取心的老人，为什么有益于长寿呢？

其一，据有关资料介绍，人的大脑在人生的发育期，越用越发达，越用越灵活，越用越健壮。在人生的衰老期，若能勤于用脑、善于用脑，则可延缓脑的衰老，有益于健康长寿。其因是：大脑是中枢神经系统的最高级部分，人脑的重量平均为 1400 克，脑细胞（神经元）有 140 亿个，每天可接受 8600 万条信息，一生可储存 1000 亿个信息单位。人的一生中，只用了大脑储能的 1/10。所以，人脑的潜力是很大的，只要不断地给大脑以新的信息、新的刺激，使头部保持良好的血液循环，获得充分的营养物质，人的脑细胞就可以不断地发育，脑功能就会得到增强，从而延缓脑衰老的速度。但凡进取者，都是勤于用脑、善于用脑的，所以，进取心有益于健康长寿。有人曾选了16世纪以来的欧美名人400名加以研究，发现其中寿命最长的是发明家，平均79岁。我国也有资料对秦汉以来的3088名著名知识分子的寿命进行统计分析，其平均寿命为65.18岁，也高于常人。日本科学家通过实验也证明，经常从事脑力劳动的60岁长者，其思维能力仍像30岁时那样灵敏。反之，懒于用脑的人30岁时，其大脑就开始迅速老化，且晚年易得"老年性痴呆症"。其二，众所周知，有进取心者，才能有收获、有贡献，有收获、有贡献，心情就舒畅、愉快。人在心情舒畅愉快时，机体会分泌出一种有益的激素、酶和乙酰胆碱，这些物质可将神经的兴奋与抑制调节到最佳状态，能将血液量控制到适宜程度，这自然有益于身心健康。同时，人脑有大量的记忆细胞，勤于用脑可以加快脑细胞的新陈代谢，这对增进智力和记忆力有良好的作用。病理学家已发现，70岁以后的老人，各脑细胞之间会生长出更多相互通联的"枝义"，它能增大老年人知识的深度。

与此相反，那些在工作和日常生活中终日无所事事、消极怠慢、意志消沉的人，往往未老先衰，老态龙钟。从医学心理学角度讲，懒惰是早衰的催化剂，对身心健康有百害而无一利。因为懒惰者的大脑机能长期被压抑而得不到充分发挥，使脑啡肽及脑内核糖核酸等物质水平降低，久而久之，大脑功能呈进行性退化，思维和智能逐渐迟钝，判断力下降而致早衰。

美国科学家将 73 位平均年龄为 81 岁的老年人分成三组——勤于思考组、思维迟钝组、受人监督组，结果是，勤于思考组的血压、记忆和寿命都达到最佳指标，三年后，该组织的老年人都活着，思维迟钝组的死亡率 1.25%，而受人监督组的死亡率为 7.5%。由此证明：人们适宜的思考能给大脑保持良好的血液循环。

进取心理还具有防病作用。因为，无论什么病都与心理因素有联系，人体生理和防卫功能的完整，需要依靠中枢神经、内分泌及免疫这三个系统的联系和作用。不良的心理因素，可以通过它们转化为病理过程，进取心理是人的精神支柱，是抵御一切不良情绪的基础，是防止各种疾病的精神力量。

进取心理还具有治疗作用。进取者为了实现其目标，千方百计地治疗疾病，往往比患同样疾病的其他人康复得快，治愈率高。据《新英格兰医学杂志》报道：257 名男性心脏病患者中，分为进取心强的 A 组和进取心弱的 B 组，他们的死亡率在 24 小时内是相同的，24 小时以后，进取心强的 A 组的死亡率比 B 组低10%。所以有位著名医生说："没有一个懒人能达到高龄的，所有达到高龄的人，都有其非常积极的生活方式。"

老年人如何进取呢？

我认为，老年人的进取应该是，在遵纪守法的前提下，不损人、不害物，做些利国、利民、利家、利己的事情，皆是进取。如在原单位协助工作是进取，在家庭

第二章　漫谈老年人的养生之道

当参谋也是进取，办教育、搞科研是进取，防病治病也是进取，做工、务农是进取，办厂、经商也是进取，看书学习是进取，写字画画也是进取，作诗填词是进取、强身健体也是进取。这些皆可称之为进取。

据了解，绝大多数老年人虽已退离休，却仍然"老骥伏枥，志在千里，烈士暮年，壮心不已"地继续为社会主义事业做出了很多的贡献，闪耀着夕阳的光辉。

"莫道桑榆晚，晚霞尚满天"。

四、健　体

1. 健体的重要意义

唐代养生家施肩吾在《玉华灵书》中曰："神以气为母，气以形为舍。炼气成神，炼形成气……无形笼络，神气两离……不知养形之端，精魄耗散，而阴壳空存，未死之前，已如槁木，余喘既绝，尽为粪壤，养形之道，何不深思。"

明代养生家王希巢在《九天生神章序》中讲："人之有形，如人之有屋……且形者，百神之所寓，一性之所存，聪明之所托。修行者，必先爱其形。形坚则神能久留，屋坚则人能久居。功业未充而阴壳先卒者，常为学者之患。"

毛泽东于1917年在其《体育之研究》一文中讲："体育一道，配德育与智育，而德智皆寄于体。无体是无德智也……体者，为知识之载而为道德之寓者也，其载知识也如车，其寓道德也如舍。体者，载知识之车而寓道德之舍也……然昔之为学者，详德智而略于体。及其弊也，偻身俯首，纤纤素手，登山则气迫，涉水则足疼。故有颜子而短命，有贾生而早夭，王勃、卢照邻或幼伤或坐废。此皆有甚高之德与智也，一旦身不存，德智从之而隳矣。"

科学家居里夫人说："科学的基础是健康的身体。"

有人讲："人一生中可能干很多蠢事，但最蠢的一件，可能是忽视健康。所以，智者和愚者之间，仅有一念之差，智者要事业而不忘健康，愚者只顾赶路而不顾一切。"又讲："你有一万种技能，你可以征服世界，甚至改变人种，但没有健康，你只能是空谈家。"

毛主席提出的"健康第一"不仅适合于青少年，而且，更适合于我们老年人。

2. 如何健体

在如何健体方面，古今中外都有卓识明见。有的主张静，有的主张动，有的主张动、静结合。

早在两千年前的战国末期，秦国丞相吕不韦在《吕氏春秋》中首先提出了"流水不腐，户枢不蝼，动也"的健身论点。并认为"形不动，则精不流，精不流，则气郁"，不运动就会"气不达""血脉雍塞，百病丛生"。

汉代名医华佗著有《五禽戏》，以模仿虎、鹿、熊、猿、鸟五种禽兽动作编写而成的健身术，体现了他"人身常动摇，则谷气消，血脉通，病不生，人犹户枢不朽也"的健身防病理论。

毛泽东在《体育之研究》中指出："善其身无过于体育。体育于吾人实占第一之位置。体强壮而后学问道德之进修勇而收效远。于吾人究研之中，宜视为重要之部。学有本末，事有始终，知所先后，则近道矣。此之谓也。"

古希腊思想家亚里士多德曾告诫人们："最易于使人衰竭、最易于损害一个人的，莫过于长期不从事体力活动。"

18世纪法国名医蒂索说："运动就其作用来说，可以代替任何药物，但所有的药物都不能替代运动的作用。"

胡夫兰德在《人生延寿法》一书讲："没有见过一个懒汉能长命的。"

日本的入来正躬教授说："没有什么返老还童的灵丹妙药。要记住，能使用脑子就尽量使用，应开展能给予身体适度刺激的恰如其分的运动，这就是最好的防治衰老的办法。"

由上可知，参加体育锻炼，是健身壮骨的有效方法。并且，许多中、外的专家、学者从现代医学和运动生理学的角度进行研究，其结果都证实了体育运动的这一功效。

（1）体育运动对神经系统的影响。人是一个统一的有机整体，它的一切活动都是在大脑皮质的统一支配下完成的，大脑机能状态良好，能更好地调节机体各种活动，而机体的各种有益的活动，反过来对大脑和整个神经系统的功能都可起到良好作用。如改善大脑皮质的兴奋与抑制过程，提高对自然环境的适应性，促进植物神经系统的调节功能，增强脑血液循环、促进新陈代谢等。

（2）体育运动对心血管系统的影响。人的生命在很大程度上是取决于心脏功能的好坏，心脏本身的健康状况与养育心肌的冠状动脉的健康状况紧密相关。通过体育活动，可使冠状动脉血流通畅，冠状动脉血流通畅，则可更好地供给心脏所需要的营养，并可使心肌纤维粗壮有力，增强心肌力量，加强心肌收缩，改善心肌调节，保证全身各组织器官系统的营养供给；防止胆固醇在血管中沉淀，有效地防止血管硬化、高血压和冠心病等疾病的发生。体育运动还是预防静脉血淤滞的最好办法，也是预防血栓栓塞的有效良药。

（3）体育运动对呼吸系统的影响。人在运动时促使呼吸加快加深，使呼吸差加大，肺活量提高，血养量增加，从而增强呼吸系统的功能，加快有机体新陈代谢，延缓老年性萎缩和机能衰退。

（4）对消化系统的影响。人在运动时有助于消化道的蠕动和消化腺的分泌，改善消化道的血液循环，从而增强肠、胃等消化系统的功能，有利于对食物的消化和对营养物质的充分吸收，以及废物的排泄。

（5）对运动系统的影响（运动系统主要包括：肌肉、骨骼和关节）。

①对肌肉的影响。坚持体育活动，经常给肌肉以刺激，使之伸张与收缩、紧张与放松，促使肌肉中的血液通畅，形成良好的血液循环，及时而充分地供应营养物质，促进全身组织细胞的新陈代谢，从而巩固和增强肌肉的力量，延缓肌肉萎缩和机能减退，并可使皮肤柔软

有弹性和富有光泽。

②对骨骼的影响。人体骨骼生成的重要刺激之一，是活动时肌肉对骨骼的重力作用。所以，体育运动可巩固和增强老年人的骨骼坚硬，延缓骨质疏松（老年人易骨折，主要是由于骨质疏松所致），防止骨骼疏松病的发生。明显的例证是：瘫痪病人或长期使用夹板固定的病人，易于发生继发性骨骼疏松病。其症状是背痛、脊椎萎陷、脊椎后凸、脊椎活动受限、身高缩短等。

③对关节的影响。关节是人体运动中的枢纽，它在人的伸、屈、扭、转、坐、立、起、行、抓、拉、推、举、跑、跳、踢、腾等一切活动中，都担当着繁重的任务，起着重要的作用。老年人在活动中表现较明显的就是关节不活、肢体不灵、立而不稳、行而颤动等，这都与关节周围的肌肉力量减弱，关节囊和韧带的萎缩、松弛而导致关节的稳固性和灵活性等机能减退有关。实践证明，通过体育锻炼，可巩固和增强关节周围的肌肉力量和关节囊与韧带的厚度及其柔韧性，从而巩固和增强老年人关节的稳固性和灵活性。

（6）体育运动还能有效的振奋精神、锻炼意志、调节情感、增长智力、开阔胸怀、扩展社交、增进友谊、培养兴趣、丰富生活，防止退离休后的寂寞、孤独感等。

总之，体育运动对人们身心健康的作用是全面的，正如毛泽东在《体育之研究》中所讲："体育之效，至于强筋骨，因而增知识、因而调感情、因而强意志。筋骨者，吾人之身；知识、感情、意志者，吾人之心。身心皆适，是谓俱泰。"

正因如此，目前在国内外自觉进行体育活动的老年人越来越多，已蔚然成风。

3. 健体的内容、方法

目前体育运动的内容丰富，方法繁多，但不是所有的项目都适合于老年人。所以，我们就要依据老年人的生理特点、心理特点及其具体情况而加以选择，做到"对症下药""有的放矢"，达到预期效果，否则，会适得其反。

（1）老年人的生理特点。经国内外有关专家研究、分析、验证，人进入老年期后，其生理组织及其机能状况大致如下。

①中枢神经系统：神经过程的灵活性降低，兴奋与抑制之间的相互转换速度减慢，神经调节的能力较差，对于刺激的反应迟钝，神经细胞易疲劳，疲劳后恢复慢。

②心脏血管系统：心肌萎缩，结缔组织增强，脂肪沉着，因而心肌收缩力量减弱、每搏输出量减少，动脉管壁的弹性减退并发生硬化，管腔变窄，血流阻力加大，因而使动脉血压升高，心脏负担增加，流向肌肉特别是心肌的血液受到阻碍。所以，老年人的心脏血管机能较差，体力负荷的能力减退。

③呼吸系统：肺组织中的纤维结缔组织增多，弹性降低，肺泡萎缩，呼吸肌力量减退，胸廓的活动度减小，因而肺的通气量和换气量的功能下降，肺活量减小，残气量增加。

④消化系统：牙齿咀嚼食物的能力及肠胃消化吸收功能能减退，直接影响了对身体营养物质的供应。

⑤运动系统：骨骼中的有机物减少，骨软骨发生纤维性变化，出现骨质疏松。关节韧带的弹性减退，肌肉逐渐萎缩，肌肉力量及弹性降低，肢体和关节活动能力及活动范围逐渐减低和缩小，因而易发生骨折、关节病及畸形（弯腰驼背、骨质增生等）。

（2）老年人的心理特点。人到老年一般都是心地善良、情绪稳定、不喜欢大喊大叫、大起大落等。

根据老年人以上的生理和心理状况，适宜于选择具有以下特点的健身项目。

①内容全面。老年人的生理老化是全身性的，因而延缓衰老措施也应是全面的。应当既有四肢的活动，也有头部和躯干的锻炼，既要重视关节的运动，也不能忽视浴面和转眼。只顾四肢的活动而忽略了其他，都有损于整体的健康。眼明耳聪是幸福，牙齿不佳也是灾难。所以，其健身内容应是全面的。

②方法简便。由于老年人的关节不灵、手脚缓慢、记忆力差等弱点，不适于学习、参练那些动作复杂、方法多变、技巧性高、难度较大的健身内容。要选用那些易学、易记、易练、方法简便的健身项目，以便达到行忘腿、食忘嘴、拿忘手、书忘笔的熟练程度，获得事半功倍的效果。

③动作稳健。上面讲到，老年人由于手脚不灵、反应迟钝，骨质疏松，易于发生跌倒、扭伤、骨折等可怕事故。因此需选用那些动而不猛、转而无险、变而不疾、重心稳定、忌速宜缓的健身方法和内容。

④少竞争，勿对抗。带有竞争和对抗性质的体育活动，易于引起人们中枢神经的过度兴奋及生理组织机能的超量发挥。而由于老年人神经调节的能力较差，心肌收缩力量的减弱，呼吸肌力量减退，肌肉力量及弹性降低，骨骼中的有机物减少，出现骨质疏松等，则难以承担由竞争（特别是激烈的竞争）和对抗（特别是短兵相接的直接对抗）所引起的超负荷的内外刺激。所以，老年人不适于选择那些带有竞争激烈、直接对抗性质的健身内容。

⑤节奏平稳、柔和富有韵律。根据老年人的心理特点，所以在活动的节奏上要平稳、柔和、富有韵律，不要忽快忽慢、忽强忽弱、波涛汹涌、大起大落。由于运动节奏异常或对抗竞争剧烈而导致伤筋折骨、心疾复发、长期住院、终生残废或命归西天者，大有人在。

以上是对老年人选择健体项目的五点要求。但是哪些体育项目具有内容全面、方法简便、动作稳健、少争勿抗、节奏柔和等条件呢？

从现有的健身运动项目来看，接近或比较接近这五个条件的还不少，如太极拳、太极剑、手杖健身法、保健操、健身舞、羽毛球、乒乓球、门球、网球、登山、游泳、还有走步、慢跑等。走步和慢跑，不少人只认为它是用腿的运动，其实它也带有摆臂、晃体、呼吸、运眼等全身性的活动。俗话说："一枝动、百枝摇"嘛。不过，在实践中，多数老年人都不是单一地参与某一个健身项目的活动，而是采取多项综合而互补的方法，使全身各个部位、各组织系统都能得到锻炼，达到全面受益的效果。

（3）要按照每位老年人的健康状况、运动技术基础和习惯爱好等而选用健身内容。如在健康状况上，有的人老当益壮，有的人未老先衰；有的人已锻炼几十年了，有的人才刚刚起步；有的习惯早练功，有的人乐于晚散步；有的人爱踢足球、打篮球、排球、网球，有的人爱挥刀、抡棒、舞剑、扎枪；有的人爱登山、野游，也有的爱滑雪或冬泳等。穿衣戴帽各有所好，所好者未必无益，理全者未必皆取。

4. 健体应注意的事项

第一，自觉主动，身心合一。自觉主动，事可成，业可就。健体亦无二理。注意力集中，才能专心致志，才能身心合一。若身在曹营心在汉，体在运动，神飞九天，非但不能获得应有之效，有时反受其害。

第二，因人而异、量力而行、运动量要适中。在健身中，不仅应按照自身的具体情况选用适合于自己的健身内容，即使是同样的健体内容，每个人在动作中的用力大小、节奏的强弱、伸屈的程度等亦可有所不同。但不管体强体弱，都要尽自己的力量，认真地进行健身活动，达到适宜的运动量。

在体育活动中，特别是老年人，要想获得健身的效果，达到预期的目的，掌握适宜的运动量是关键所在。从某种意义上说，运动的内容、方法等，都是为达到适宜的运动量而服务的。所以，从体育界的专家学者，到具有一般体育锻炼知识的人，无不重视运动量的掌握。据资料介绍：确定适宜运动量的原则有以下四点：①量不能太小，太小起不到健身作用。②量不能太大，太大对身体反而有害。据介绍，国外一家保险公司，在调查5000名已故运动员的生前健康后发现，其中有些人在40~50岁就患了心脏病，许多人的寿命比普通人还短。由于运动量太大而导致伤残甚至丧命者，在国内也不罕见。③量要由小而大，循序渐进，万不可操之过急（注：这个由小而大，循序渐进，也是分阶段有限度的，不是所有的人，在所有的阶段都要由小而大）。④所谓量大量小，要因人而异，要个体化。如何确定适宜的运动量，在一般情况下，可用心率作为衡量指标。对老年人来说，最适宜的心率是中等心率，即中等强度时的心率。其计算方法是180减年龄。例如某人65岁，则为180-65=115，这个115即是在活动过程中达到最大运动量的阶段的每分钟脉搏跳动的次数。不过，这个心率并不是对初次进行体育运动的老年人的要求，而是依照上述原则，通过长期锻炼逐步达到的。

第三，循序渐进，勿紧勿松。练功家说："紧了崩，慢了松，不紧不慢才是功。"特别是初次进行健身活动或改做新健身内容时，务要在动作做法上从易到难，从简到繁；在动作的规格标准上要从粗到细，从低到高；运动量上要由小而中而大，循序渐进，逐步提高。切忌奢望一朝一夕获得体质大变。当然，也不可松松垮垮，日复一日，年复一年地无一改观，因为不改观也是一种改变，老年人进行健体活动类似逆水行舟，不退就等于向前。

第四，持之以恒、养成习惯。锻炼身体，或早或晚都应定时而做按时而休，日久天长成为习惯，形成条件反射，这样可以收到事半功倍的效果。再加上常年坚持，必然能达到体健益寿延年的目的。

第五，多集体，少单行。其一，人老怕孤独，锻炼适宜人多，集体有朝气，易于振奋精神，促人上进；其二，人到老年体衰力弱，不宜单独活动。所以，此时不论出外游玩或健身等，都适于群起群行，这样，便于相互关心，相互帮助。当然，如果独居大院或环境适宜之地，各方条件具备，个人单练或夫妇同练，也是满意之境了。

第六，顺天应时，防沙避雾。所谓顺天应时，在此处是指要按照春、夏、秋、冬四季时差的变化、气温的高低而及时改变活动的起、止时间，调整运动量的大小，更替衣着的厚薄等，以便做到适时而做，寒暖适度。风沙迷雾影响视线，易出事故，并有害于人的呼吸系统和珍贵的眼睛，所以在健体活动时，要尽力防风沙、避迷雾，必要时可改为室内活动。

第七，场地宽广，气新景佳。在健体活动时，最适于在场地宽广、环境优美、阳光充足、空气新鲜的环境中，使人心旷神怡，机体达到最佳状态，则可获得养神健体的良好效果。

第八，务要加强医务监督。健身如同治国，要随时体察民情，知其冷热，掌握住群众的脉搏，才能有的放矢，达到国富民强。在体育锻炼中，要通过医务监督和自我监督，及时了解自身的生理变化，以便采取有效措施，否则，潜病在身、兵临城下，还尚不知，待尸横运动场，则悟之晚矣！此类事故，各地都不难找。

第三节　古今中外名人养生之道

彭祖

彭祖为殷朝末期大养生家。传说他寿高 767 岁，引起殷王的极大兴趣，特令人去请教他长寿之道。彭祖的养生方法可分三个方面，一是注意思想修养，二是养成良好的生活习惯，三是掌握补导之术。

传记中说他性格恬静，对世事不忧虑，抱达观态度，不计较名誉得失，唯注意养生保健。

关于生活习惯，彭祖不主张禁欲，他指责那种"去人情、远荣乐"的失去人之本性的修仙法。他认为，"人道当食甘旨，服轻丽，通阴阳，处官秩"，从事社会工作。他认为适当的物质享受和娱乐休息有利于长寿。所以，他说："夫冬温夏凉，不失四时之和，所以适身也；美色淑贤，幽闲娱乐，不致思欲之感，所以通神也；车服威仪，知足无求，所以一志也；八音五色，以悦视听，所以导心也；凡此皆以养寿。"但他告诫人们不能纵欲，不能享受过度，"譬如水火，用之过当，反为害也。"

老子

老子是我国春秋时期著名的哲学家、被称为道家的鼻祖。他一生中重视养生，享年 84 岁。还有传说他活了一百六十余岁或二百余岁。老子认为：人体的生理功能与自然界的变化休戚相关，所以人体必须与自然规律相适应，才能长寿。并说："顺天者昌，违天者亡。"

他认为，人要想健康长寿，就要"清心寡欲、节制嗜欲"。他说："罪莫大于嗜欲，祸莫大于不知足，咎莫大于欲得。"

孔子

孔子是我国春秋时期的政治家、教育家，一生坎坷，享年72岁。他的养生之道有精神豁达、知足不贪、食居慎节、志趣广泛等。

精神豁达：孔子的心胸极为开阔，对待生活一贯持达观态度，即"在邦无怨、在家无怨，不怨天、不尤人"。他经常告诫弟子们要"君子坦荡荡""不忧不愤"。

知足不贪：孔子在个人修养上时时以"修己""克己"来约束自己，从不放纵自己的欲望。他概括人生少、壮、老三个生理阶段之三戒："少之时，血气未足，戒之在色；及其壮也，血气方刚，戒之在斗；及其老也，血气既衰，戒之在得。"得指非分之要求；意谓任何一个人，如果贪婪无度，挖空心思地谋取个人私利，过分追求名誉、地位、金钱等，会大伤元气，有损于健康长寿。

食居慎节：孔子对饮食起居十分注意，吃饭睡觉都有一定之规。他很注意饮食卫生，提出几个避而不食，即粮食发霉变质不吃；肉鱼腐烂不吃；食物变色不吃；气味不正不吃。

志趣广泛：孔子学识渊博，志趣广泛。他精通诗书礼乐，对唱歌、弹琴、射箭、打猎、登山、驾驶车马等都有兴趣。

武则天

武则天是中国历史上最有影响的女皇帝。她执政21年，寿终82岁。她自幼习文练武，14岁入宫。唐太宗去世后，她到寺院每天盘膝静坐，修身养性三年，调养身心。所以在他主持朝政的几十年间，仍耳聪目明、体健智清。武则天兴趣广泛，不仅喜爱音乐、诗歌、练习书法，还爱好游览，饱赏大自然秀丽的风光；她胸怀广阔，宽宏大度，这是她健康长寿的重要因素。

乾隆皇帝

乾隆在位60年，享年89岁，是中国封建社会中掌权最久、寿命最长的一位君主，被世人誉为"耄耋天子""帝王寿魁"。他有16字的长寿秘诀：吐纳肺腑、活动筋骨、十常四勿、适时进补。"吐纳肺腑"是每天黎明即起，进行"鼻吸口呼"的吐纳法。"活动筋骨"是乾隆酷爱打太极拳、散步、爬山、旅行、狩猎、拉弓射箭、沐浴汤泉、巡游名川胜景，曾六次下江南饱览自然风光。"十常四勿""十常"是身体的10个部位经常活动，即齿常叩、津常咽、耳常弹、鼻常揉、眼常运、面常搓、足常摩、腹常旋、肢常伸、肛常提。这10个部位与人体经脉息息相通。"四勿"是食勿言、卧勿语、饮勿醉、色勿迷。"适时进补"，是根据不同的季节，多吃些营养丰富的滋补品，以及瓜果蔬菜和豆制品等。

翁同和

翁同和是清代名臣，为光绪皇帝之师，官至大学士后被慈禧太后放逐归里。他闭门养晦，每夜临睡前必在卧室内做三拜、九叩首 5 次，并将此法传给大学士全庆。全庆每天起跪 40 次，磕头 120 次，皆收到良好效果。翁寿终 75 岁，全庆享年 82 岁。

郑板桥

郑板桥是我国清代一位七品官、书画家和诗人，他一生坎坷，诸多不幸。但他思想开阔、生活乐观，正直廉洁，不计得失，但求必安。"难得糊涂""吃亏是福"是他为人处事的信条，也是他对人的劝善之言。他的诗、书、画号称三绝。

齐白石

齐白石是我国著名国画家，享年 97 岁。他有养生七戒：戒酒、戒烟、戒狂喜、戒悲愤、戒空想、戒懒惰、戒空度。他说："一日不学，苦混一天！"因此，他每天学习，得到收获，乐在其中。

沈迈士

沈迈士是我国著名画家，他在 94 岁高龄时仍然耳聪目明，身板硬朗。他概括了三句养生之道："锻炼壮身，情绪治身，规律养身。"他说，锻炼的特点在动，动的作用在于通，气血流通可以强身延年。他谈到"情绪治身"时引用了"神安则寿延，神去则形敝"之语。

他说，胸怀开阔，乐观从容，可延年益寿，反之，易烦易怒、郁闷紧张者，就易伤神、伤身。关于"规律养身"，他说，有规律的生活习惯和生活方式，是养身长寿的要素。要做到饮食有节、起居有常，顺天时之变，按节律而行，则可养身。他的生活规律有六定：定时起床、定时吃饭、定时工作、定时学习、定时散步、定时休息。他还坚持六不：不吸烟、不喝酒、不偏食、不贪食、不偷懒、不过劳。

英国皇室的养生之道

英国皇室成员出现在公众面前时，总是精神饱满、神采奕奕，身体状况非常好。据了解，英国皇室成员基本上采取预防性的生活方式，以防为主，防养结合。他们严格控制烟酒，利用一切机会呼吸新鲜空气。王子的保姆说："皇家成员对新鲜空气特别有瘾，不论天气多么恶劣，全家一道外出郊游从不停止。"他们注意运动，王子爱打球，王妃打球还游泳。皇太后虽80高龄，仍爱户外活动，常带爱犬在户外散步。在饮食方面严格遵守高纤维、低脂肪的原则。

英国喜剧明星乔治的养生之道

乔治在88岁时，有人问他的长寿秘诀，他说："这个很简单，你不必担心自己老了，该担心的是自己生懒。所以，我常做体操，又走很多路。要是你想活到一百岁或一百多岁，你不能坐着等待，一定要站起来去追求。"他说：长寿最重要的关键是避免烦恼、压力和紧张。他说："我认为退休后的最大危险是整天空闲，空闲就想到自己老了，言行也作老人状，那可不妙！我不这样，我坚信人只要能工作应该工作下去，找些有兴趣的事干，思想保持年轻，干劲保持活跃，爱昨天也爱今天。总之，我的论点是凭着乐观积极的人生态度，加上运动，长命百岁是不难达到的。"

原苏联医学教授伊万诺夫

伊万诺夫活了 85 岁。他的保健法有六点：洗冷水澡；光脚走路；一周有一天不进食；不抽烟不喝酒；不懒惰、不自满、不贪婪、不受惊；为人行善，保持愉快的心情。

第四节　养 生 歌 诀

健康长寿歌

衣着整洁最当先，新式可穿，老式可穿。

膳食调好饱三餐，细粮香甜，粗粮香甜。

居室布置贵雅观，坐也安然，睡也安然。

晨起锻炼在公园，快跑三圈，慢跑三圈。

书法勤练情趣添，大字一篇，小字一篇。

下棋用脑益寿年，输也三盘，赢也三盘。

运动场上转一转，排球也玩，篮球也玩。

三五知己聊聊天，古也谈谈，今也谈谈。

小孙活泼绕膝前，乐趣无边，喜悦无边。

老夫老妻逛公园，携手并肩，边走边谈。

恩爱夫妻胜当年，比胶还黏，比蜜还甜。

有害嗜好不沾边，烟也不沾，酒也不贪。

豁达大度心地宽，能跑火车，能开轮船。

无忧无虑乐晚年，不是神仙，胜似神仙。

养生十六宜

面宜多擦，发宜多梳，目宜常运，耳宜常凝，

齿宜常叩，口宜常闭，津宜常咽，气宜常提，

心宜常静，神宜常存，背宜常暖，腹宜常摩，

胸宜常护，囊宜常裹，言宜常简，肤宜常浴。

日本推行的"健康十训"

少肉多菜；少盐多醋；少糖多果；

少食多嚼；少衣多浴；少言多行；

少欲多施；少忧多眠；少车多行；

少怒多笑。

第五节　养生悟语

唐代希运讲："供养十方诸佛，不如供养一个无心道人。"

无心者，内无疚、外无忧，人无争、事适求，清静无为，颐养天年。

明代真可讲："天力、地力、佛力、法力，不如自心之力。"

天力、地力、佛力、法力，皆属外力，而自心之力为内力，即主观能动之力。

图书在版编目（CIP）数据

手杖健身法 / 赵瑞麟著. —北京：人民体育出版社，
2009
ISBN 978-7-5009-3549-0

Ⅰ.手… Ⅱ.赵… Ⅲ.健身运动-基本知识 Ⅳ.G883

中国版本图书馆 CIP 数据核字（2008）第 175364 号

*

人民体育出版社出版发行
三河兴达印务有限公司印刷
新 华 书 店 经 销
*
850×1168 32 开本 5.625 印张 110 千字
2009 年 4 月第 1 版 2009 年 4 月第 1 次印刷
印数：1—5,000 册
*
ISBN 978-7-5009-3549-0
定价：13.00 元

社址：北京市崇文区体育馆路 8 号（天坛公园东门）
电话：67151482（发行部） 邮编：100061
传真：67151483 邮购：67143708
（购买本社图书，如遇有缺损页可与发行部联系）